Mahatma Gandhi

Der Mann, der eins mit dem universellen Wesen wurde

Romain Rolland

(Übersetzerin: Catherine Dase Groth)

Writat

Diese Ausgabe erschien im Jahr 2023

ISBN: 9789358811520

Herausgegeben von
Writat
E-Mail: info@writat.com

Inhalt

TEIL EINS ....- 1 -
TEIL ZWEI ....- 34 -
DRITTER TEIL ....- 70 -
BIBLIOGRAPHIE ....- 95 -

TEIL EINS

§ 1

Dunkle, ruhige Augen. Ein kleiner, gebrechlicher Mann, ein schmales Gesicht mit großen abstehenden Ohren. Sein Kopf war mit einer kleinen weißen Mütze bedeckt, sein Körper war in grobes weißes Tuch gekleidet und barfuß. Er ernährt sich von Reis und Obst und trinkt nur Wasser. Er schläft auf dem Boden – schläft sehr wenig und arbeitet ununterbrochen. Sein Körper scheint überhaupt nicht zu zählen. An ihm fällt zunächst nichts auf, außer dass er „große Geduld und große Liebe" zum Ausdruck bringt. WW Pearson, der ihn 1918 in Südafrika traf, dachte instinktiv an den Heiligen Franziskus von Assisi. Er hat eine fast kindliche Einfachheit. [1] Sein Verhalten ist sanft und höflich, auch im Umgang mit Gegnern, [2] und er ist von makelloser Aufrichtigkeit. [3] Er ist bescheiden und bescheiden, bis er manchmal fast schüchtern und zögerlich wirkt, wenn es darum geht, eine Behauptung aufzustellen. Dennoch spürt man seinen unbezwingbaren Geist. Er geht keine Kompromisse ein und versucht nie, einen Fehler zu verbergen. Er hat auch keine Angst davor, zuzugeben, dass er im Unrecht war. Diplomatie ist ihm unbekannt; er meidet rednerische Wirkung oder denkt vielmehr nie darüber nach; und er schreckt unbewusst vor den großen Volksdemonstrationen zurück, die zu seinen Ehren organisiert werden. Wörtlich „krank an der Menge, die ihn anbetet" [4], misstraut er Mehrheiten und fürchtet die „Pöbelherrschaft" und die ungezügelten Leidenschaften der Bevölkerung. Er fühlt sich nur in einer Minderheit wohl und ist am glücklichsten, wenn er in meditativer Einsamkeit auf die „stille leise Stimme" in seinem Inneren hören kann. [5]

Dies ist der Mann, der dreihundert Millionen Menschen zum Aufstand angestachelt hat, der die Grundfesten des britischen Empire erschüttert hat und der der menschlichen Politik den stärksten religiösen Impuls der letzten zweitausend Jahre verliehen hat.

§ 2

Sein richtiger Name ist Mohandas Karamchand Gandhi. Er wurde am 2. Oktober 1868 in Porbandar, der „Weißen Stadt" am Meer von Oman, in einem kleinen, halbunabhängigen Staat im Nordwesten Indiens geboren durch Bürgerkrieg gespalten; eine praktische, kommerziell interessierte Rasse, die Handelsbeziehungen von Aden bis Sansibar aufbaute. Gandhis Vater und Großvater waren beide Anführer des Volkes und wurden wegen ihres unabhängigen Geistes verfolgt. Beide waren gezwungen, in Sicherheit zu fliehen, ihr Leben war in Gefahr. Gandhis Familie war wohlhabend und gehörte einer kultivierten Gesellschaftsschicht an, gehörte jedoch keiner höheren Kaste an. Seine Eltern waren Anhänger der Jain- Schule des Hinduismus, die *Ahimsa* , [6] die Lehre von der Nichtverletzung jeglicher Lebensform, als eines ihrer Grundprinzipien betrachtet . Dies war die Lehre, die Gandhi weltweit siegreich verkünden sollte. Die Jainisten glauben, dass das Prinzip der Liebe und nicht der Intelligenz der Weg zu Gott ist. Der Vater des Mahatma kümmerte sich wenig um Reichtum und materielle Werte und hinterließ seiner Familie kaum etwas, da er fast alles für wohltätige Zwecke verschenkte. Gandhis Mutter war eine sehr gläubige Frau, eine Art hinduistische Heilige Elisabeth, die fastete, den Armen Almosen gab und die Kranken pflegte. In Gandhis Familie wurde regelmäßig das Ramayana gelesen. Sein erster Lehrer war ein Brahmane, der ihm beibrachte, die Texte Vishnus auswendig zu lernen. [7] In späteren Jahren drückte Gandhi sein Bedauern darüber aus, kein besserer Sanskrit-Gelehrter zu sein, und einer seiner Beschwerden gegen den Englischunterricht in Indien besteht darin, dass dadurch die Einheimischen die Schätze ihrer eigenen Sprache verlieren. Gandhi entwickelte sich jedoch zu einem profunden Schüler hinduistischer Schriften, obwohl er die Veden und Upanishaden nur in Übersetzungen las. [8]

Schon als Junge durchlebte er eine schwere religiöse Krise. Schockiert über die götzendienerische Form, die der Hinduismus manchmal annimmt, wurde er Atheist oder bildete sich ein, Atheist zu werden, und um zu beweisen, dass Religion ihm nichts bedeutete, gingen er und einige Freunde so weit, Fleisch zu essen, ein schreckliches Sakrileg für einen Hindu. Und Gandhi wäre vor Ekel und Demütigung beinahe umgekommen. [9] Er verlobte sich im Alter von acht Jahren und heiratete im Alter von zwölf Jahren. [10] Mit neunzehn Jahren wurde er nach England geschickt, um sein Studium an der University of London und an der juristischen Fakultät abzuschließen. Bevor er Indien verließ, ließ ihn seine Mutter die drei Gelübde des Jain ablegen , die den Verzicht auf Wein, Fleisch und Geschlechtsverkehr vorschreiben.

Er kam im September 1888 in London an und nach den ersten Monaten der Unsicherheit und Täuschung, in denen er, wie er sagt, „eine Menge Zeit und Geld damit verschwendete, Engländer zu werden", machte er sich an die harte Arbeit führte ein streng geregeltes Leben. Einige Freunde gaben ihm ein Exemplar der Bibel, aber die Zeit, es zu verstehen, war noch nicht gekommen. Doch während seines Aufenthalts in London erkannte er zum ersten Mal die Schönheit der Bhagavad Gîtâ . Er war davon mitgerissen. Es war das Licht, nach dem der im Exil lebende Hindu gesucht hatte, und es gab ihm seinen Glauben zurück. Er erkannte, dass für ihn die Erlösung nur im Hinduismus liegen konnte. [11]

Er kehrte 1891 nach Indien zurück, eine ziemlich traurige Heimkehr, denn seine Mutter war gerade gestorben und die Nachricht von ihrem Tod war ihm vorenthalten worden. Bald darauf begann er als Anwalt am Obersten

Gerichtshof von Bombay zu arbeiten. Einige Jahre später gab er diese Karriere auf, da er sie als unmoralisch betrachtete. Aber auch während seiner Tätigkeit als Anwalt legte er Wert darauf, sich das Recht vorzubehalten, ein Verfahren einzustellen, wenn er Grund zu der Annahme hatte, dass es ungerecht sei.

In dieser Phase seiner Karriere traf er verschiedene Menschen, die in ihm eine Ahnung von seiner zukünftigen Lebensaufgabe weckten. Er wurde insbesondere von zwei Männern beeinflusst. Einer von ihnen war der „Ungekrönte König von Bombay", der Parsi Dadabhai , und der andere Professor Gokhale. Gokhale war einer der führenden Staatsmänner Indiens und einer der ersten, der Bildungsreformen einführte, während Dadabhai laut Gandhi der eigentliche Begründer der indischen nationalistischen Bewegung war. Beide Männer vereinten höchste Weisheit und Gelehrsamkeit mit äußerster Einfachheit und Sanftmut. [12] Es war Dadabhai , der Gandhis jugendlichen Eifer zu mäßigen versuchte und ihm 1892 seine erste wirkliche Lektion in *Ahimsa erteilte* , indem er ihn lehrte, heroische Passivität – wenn man zwei solche Worte überhaupt nennen kann – auf das öffentliche Leben anzuwenden, indem er das Böse bekämpft , nicht durch das Böse, sondern durch die Liebe. Etwas später werden wir dieses Zauberwort von *Ahimsa besprechen* , die erhabene Botschaft Indiens an die Welt.

§ 3

Gandhis Wirken lässt sich in zwei Perioden einteilen. Von 1898 bis 1914 war Südafrika sein Einsatzgebiet; von 1914 bis 1922, Indien.

Dass Gandhi den Südafrika-Feldzug mehr als zwanzig Jahre lang weiterführen konnte, ohne in Europa besondere Kommentare hervorzurufen, ist ein Beweis für die unglaubliche Kurzsichtigkeit unserer politischen Führer, Historiker, Denker und Gläubigen, denn Gandhis Bemühungen stellten ein Epopöe der Seele dar , beispiellos in unserer Zeit, nicht nur wegen der Intensität und Beständigkeit des erforderlichen Opfers, sondern auch wegen des endgültigen Triumphs.

In den Jahren 1890–91 ließen sich etwa 150.000 indische Auswanderer in Südafrika nieder, die meisten von ihnen hatten sich in Natal niedergelassen. Die weiße Bevölkerung ärgerte sich über ihre Anwesenheit, und die Regierung förderte die Fremdenfeindlichkeit der Weißen durch eine Reihe repressiver Maßnahmen, die darauf abzielten, die Einwanderung von Asiaten zu verhindern und diejenigen, die sich bereits in Afrika niedergelassen hatten, zur Ausreise zu zwingen. Durch systematische Verfolgung wurde das Leben der Indianer in Afrika unerträglich gemacht; Sie wurden mit überwältigenden Steuern belastet und den demütigendsten Polizeiverordnungen und Verbrechen aller Art ausgesetzt, die von der Plünderung und Zerstörung von

Geschäften und Eigentum bis hin zu Lynchmorden reichten, alles unter dem Deckmantel der „weißen" Zivilisation.

1893 wurde Gandhi wegen eines wichtigen Falls nach Pretoria gerufen. Er kannte die Situation in Südafrika nicht, machte aber von Anfang an aufschlussreiche Erfahrungen. Gandhi, ein Hindu von hoher Abstammung, der in England und Europa immer mit größter Höflichkeit empfangen worden war und der bis dahin die Weißen als seine natürlichen Freunde angesehen hatte, sah sich plötzlich zur Zielscheibe der abscheulichsten Beleidigungen. In Natal und insbesondere im niederländischen Transvaal wurde er aus Hotels und Zügen geworfen, beleidigt, geschlagen und getreten. Er wäre sofort nach Indien zurückgekehrt, wenn er nicht vertraglich verpflichtet gewesen wäre, ein Jahr in Südafrika zu bleiben. Während dieser zwölf Monate lernte er die Kunst der Selbstbeherrschung, doch die ganze Zeit über sehnte er sich danach, dass sein Vertrag auslaufen würde, damit er nach Indien zurückkehren könne. Doch als er schließlich gehen wollte, erfuhr er, dass die südafrikanische Regierung vorhatte, ein Gesetz zu verabschieden, das den Indianern das Wahlrecht entziehen würde. Die Indianer in Afrika waren hilflos und unfähig, sich zu verteidigen; Sie waren völlig unorganisiert und demoralisiert. Sie hatten keinen Anführer, niemanden, der sie leitete. Gandhi hielt es für seine Pflicht, sie zu verteidigen. Er erkannte, dass es falsch wäre, zu gehen. Die Sache der enterbten Indianer wurde seine. Er gab sich dem hin und blieb in Afrika.

Dann begann ein epischer Kampf zwischen Geist auf der einen Seite und Regierungsmacht und roher Gewalt auf der anderen Seite. Gandhi war damals Anwalt und sein erster Schritt bestand darin, die Rechtswidrigkeit des Asiatic Exclusion Act aus rechtlicher Sicht zu beweisen, und er gewann seinen Fall trotz heftigster Opposition. In diesem Zusammenhang ließ er große Petitionen unterzeichnen; Er organisierte den Indianerkongress in Natal und gründete eine Vereinigung für indische Bildung. Wenig später gründete er eine Zeitung mit dem Titel „Indian Opinion", die auf Englisch und drei indischen Sprachen erschien. Um noch effizienter für seine Landsleute in Afrika arbeiten zu können, beschloss er schließlich, einer von ihnen zu werden. Er hatte eine lukrative Kundschaft in Johannesburg (Gokhale sagt, Gandhi verdiente damals etwa fünf- bis sechstausend Pfund pro Jahr). Er gab es auf, um sich wie der heilige Franziskus für die Armut einzusetzen. Er gab alle Bindungen auf, um das Leben der verfolgten Indianer zu leben und ihre Prüfungen zu teilen. Und er veredelte sie dadurch, denn er lehrte sie die Lehre des Nicht-Widerstands. 1904 gründete er in Phoenix bei Durban eine Agrarkolonie nach tolstoianischem Vorbild. [13] Er rief seine Landsleute zu sich, gab ihnen Land und ließ sie den feierlichen Eid der Armut ablegen. Er nahm die bescheidensten Aufgaben auf sich.

Jahrelang leistete die stille Kolonie Widerstand gegen die Regierung. Sie zog sich aus den Städten zurück, lähmte nach und nach das industrielle Leben des Landes und führte eine Art religiösen Streik, gegen den Gewalt – jede Gewalt – machtlos war, so wie die Gewalt des kaiserlichen Roms gegen den Glauben der ersten Christen machtlos war. Doch nur sehr wenige dieser frühen Christen hätten die Lehre von Liebe und Vergebung so weit getragen, ihren Verfolgern in Gefahr zu helfen, wie es Gandhi tat. Immer wenn der südafrikanische Staat in ernsthafte Schwierigkeiten geriet, setzte Gandhi die Nichtteilnahme der indischen Bevölkerung an öffentlichen Dienstleistungen aus und bot seine Hilfe an. Im Jahr 1899, während des Burenkrieges, gründete er ein Indisches Rotes Kreuz, das zweimal für seine Tapferkeit unter Beschuss gelobt wurde. Als 1904 in Johannesburg die Pest ausbrach, richtete Gandhi ein Krankenhaus ein. 1908 kam es in Natal zu einem Aufstand der Eingeborenen. Gandhi organisierte und diente an der Spitze eines Korps von *Brancardiers* , und die Regierung von Natal dankte ihm öffentlich.

Aber diese desinteressierten Dienste konnten den Hass der Weißen nicht entschärfen. Gandhi wurde häufig verhaftet und eingesperrt [14] und kurz nachdem ihm offiziell für seine Dienste während des Krieges gedankt worden war, wurde er zu Gefängnis und Zwangsarbeit verurteilt, nachdem er vom Mob geschlagen und tot zurückgelassen worden war. [15] Aber kein Missbrauch, keine Verfolgung konnte Gandhi dazu bringen, sein Ideal aufzugeben. Im Gegenteil, sein Glaube daran wurde durch seine Prüfungen stärker. Seine einzige Antwort auf die Gewalt, die ihm in Südafrika angetan wurde, war das berühmte kleine Buch „Hind Swaraj" [16], das 1908 veröffentlicht wurde. Diese Broschüre über die indische Hausherrschaft ist das Evangelium der heroischen Liebe.

Der Kampf dauerte zwanzig Jahre und erreichte von 1907 bis 1914 seine bitterste Phase. Obwohl die intelligentesten und aufgeschlossensten Engländer in Afrika dagegen waren, verabschiedete die südafrikanische Regierung 1906 hastig ein neues asiatisches Gesetz. Dies veranlasste Gandhi dazu, im großen Stil Widerstandslosigkeit zu organisieren.

Im September 1906 fand in Johannesburg eine große Demonstration statt, und die versammelten Indianer leisteten feierlich den Eid des passiven Widerstands. Die Chinesen in Afrika schlossen sich den Hindus an; und Asiaten aller Rassen, Religionen und Kasten, ob reich oder arm, brachten den gleichen Enthusiasmus und die gleiche Selbstverleugnung in die Sache ein. Die Asiaten wurden zu Tausenden ins Gefängnis geworfen, und da die Gefängnisse nicht groß genug waren, wurden sie in die Minengruben geworfen. Aber es war, als ob die Gefängnisse diese Menschen faszinierten, die General Smuts, ihr Verfolger, „Kriegsdienstverweigerer" nannte. Dreimal wurde Gandhi ins Gefängnis geworfen, [17] während andere als

Märtyrer starben. Die Bewegung wuchs. Im Jahr 1918 breitete es sich von Transvaal nach Natal aus. Riesige Streiks und Monsterversammlungen, Massenmärsche von Hindus durch Transvaal alarmierten und erregten die öffentliche Meinung in Afrika und Asien. Ganz Indien war empört, und der Vizekönig Lord Hardinge legte schließlich, angetrieben von der öffentlichen Meinung, Protest gegen die Regierung Südafrikas ein.

Die unbezwingbare Hartnäckigkeit und die Magie der „Großen Seele" wirkten und siegten: Die Gewalt musste sich vor der heroischen Sanftmut beugen. [18] Der Mann, der die Indianer am erbittert ablehnte, General Smuts, der 1909 erklärt hatte, er würde niemals eine für die Indianer schädliche Maßnahme aus den Statuten streichen, gestand fünf Jahre später, im Jahr 1914, dass er diese gerne abschaffen würde damit. [19] Eine kaiserliche Kommission unterstützte Gandhi in fast allen Punkten. Im Jahr 1914 wurde durch ein Gesetz die Kopfsteuer in Höhe von drei Pfund abgeschafft, während Natal für alle Inder geöffnet wurde, die sich dort als freie Arbeiter niederlassen wollten. Nach zwanzig Jahren voller Opfer siegte der Widerstandslosigkeit.

§ 4

Als Gandhi nach Indien zurückkehrte , genoss er das Ansehen eines Anführers.

Seit Beginn des Jahrhunderts hatte die Bewegung für die Unabhängigkeit Indiens stetig an Boden gewonnen. Dreißig Jahre zuvor hatten einige aufgeschlossene Engländer, darunter AO Hume und Sir William Wedderburn, einen Nationalen Indianerkongress organisiert. Als viktorianische Liberale hatten sie dem Kongress ein loyalistisches Gepräge verliehen und versucht, die Ansprüche Indiens mit den Forderungen der Souveränität Englands zu verbinden. In der Zwischenzeit hatte der Sieg Japans über Russland jedoch den Stolz der asiatischen Völker geweckt, und indische Patrioten ärgerten sich über Lord Curzons provokative Haltung. Im Herzen des Kongresses bildete sich eine extremistische Partei, deren aggressiverer Nationalismus einer allgemeinen Stimmung im ganzen Land entsprach. Bis zum Krieg von 1914 blieb der alte Verfassungsteil jedoch unter der Führung von GK Gokhale, einem großen indischen Patrioten, obwohl er an die Loyalität gegenüber England glaubte.

Swaraj befürwortete , waren sich die verschiedenen Mitglieder nicht einig darüber, welche Form diese Hausherrschaft annehmen sollte. Einige Mitglieder glaubten an eine Zusammenarbeit mit England; andere wollten die Engländer aus Indien vertreiben. Einige befürworteten das Herrschaftssystem, wie in Kanada, während andere behaupteten, dass Indien danach streben sollte, eine unabhängige Nation wie Japan zu werden. Gandhi schlug eine Lösung vor. Es war eher religiöser als politischer Natur, aber im

Grunde war es radikaler als alle anderen. Die Prinzipien sind in seinem „Hind Swaraj" zu finden. Da diese Lösung jedoch auf den Bedingungen in Südafrika basierte, erkannte Gandhi, dass sie an die Bedingungen in Indien angepasst werden musste. Er erkannte auch, dass sein Aufenthalt in Südafrika ihn zwar mit den Verhältnissen in Indien nicht vertraut gemacht hatte, ihn aber bewies, was für eine unwiderstehliche Waffe *Ahimsa* , Gewaltlosigkeit, sein konnte. Und er beschloss daher, die Bedingungen in Indien zu studieren, um die Waffe der *Ahimsa* an sie anzupassen. [20]

Zu dieser Zeit empfand Gandhi keine Feindseligkeit gegenüber England. Im Gegenteil, als der Krieg 1914 ausbrach, ging er nach London, um ein indisches Sanitätskorps zu organisieren. Wie er in einem Brief aus dem Jahr 1921 erklärte, glaubte er ehrlich, er sei ein Bürger des Reiches. Er verweist immer wieder auf seine Haltung, wie in seinem 1920 veröffentlichten Brief an „Jeden Engländer in Indien". Kein Engländer, sagt er, habe der Regierung in den neunundzwanzig Jahren seines öffentlichen Lebens treuer gedient als er. Er riskierte viermal sein Leben für England und glaubte bis 1919 aufrichtig an die Zusammenarbeit mit der Regierung. Aber jetzt kann er das nicht mehr.

Gandhi war nicht der Einzige, der diesen Gefühlswandel erlebte. Im Jahr 1914 war ganz Indien vom heuchlerischen Idealismus des sogenannten „Kriegs für Gerechtigkeit" mitgerissen worden. Als die englische Regierung um die Unterstützung Indiens bat, hatte sie die größten Hoffnungen geweckt. Die vom Volk ersehnte Gewährung der Selbstherrschaft hing angeblich von der Haltung Indiens im Krieg ab. Im August 1917 versprach der kluge indische Minister ES Montagu Indien eine dem Volk gegenüber verantwortliche Regierung. Es fand eine Konsultation statt, und im Juli 1918 unterzeichneten der Vizekönig Lord Chelmsford und Herr Montagu einen offiziellen Bericht, in dem sie eine Verfassungsreform in Indien empfahlen. Die alliierten Armeen befanden sich zu Beginn des Jahres 1918 in einer höchst prekären Lage. Am 2. April hatte Lloyd George einen Appell an das indische Volk gerichtet, während die Kriegskonferenz, die Ende desselben Monats in Delhi tagte, dies angedeutet hatte Die Stunde der Unabhängigkeit Indiens war nahe. Und Indien hatte wie ein Mann geantwortet, während Gandhi England seine treue Unterstützung versprochen hatte. Indien stellte 985.000 Mann und brachte enorme Opfer. Und sie wartete zuversichtlich auf die versprochene Belohnung.

Das Erwachen war schrecklich. Die Gefahr war Ende 1918 vorüber und die Erinnerung an die geleisteten Dienste war verschwunden. Nach der Unterzeichnung des Waffenstillstands sah die Regierung keinen Grund mehr, noch mehr vorzutäuschen. Anstatt die versprochenen Freiheiten zu gewähren, setzte es alle bereits bestehenden Freiheiten außer Kraft. Die Rowlatt- Gesetze, die dem kaiserlichen Legislativrat in Delhi vorgelegt wurden, brachten ein beleidigendes Misstrauen gegenüber dem Land zum Ausdruck, das so viele Beweise seiner Loyalität geliefert hatte. Diese Gesetzentwürfe zielten darauf ab, die Bestimmungen des Verteidigungsgesetzes, die Indien während des Krieges auferlegt wurden, endgültig festzulegen und Geheimpolizeidienste, Zensur und alle tyrannischen Belästigungen eines echten Belagerungszustands zu einer dauerhaften Realität zu machen. In ganz Indien kam es zu einem Ausbruch der Empörung. Der Aufstand begann. [21] Gandhi führte es an.

Bislang hatte sich Gandhi ausschließlich für soziale Reformen interessiert und sich besonders für die Lage der Landarbeiter eingesetzt. In Kaira, im Gujarat, und in Champaran , in Behar, hatte er fast unbemerkt und mit Erfolg die gewaltige Waffe ausprobiert, die er bald in nationalen Kämpfen einsetzen sollte. Diese Waffe war der Wille der aktiven, leidenschaftlichen Widerstandslosigkeit. Wir werden es später unter dem Namen *Satyagraha studieren* , den ihm Gandhi gegeben hat.

Bis 1919 beteiligte sich Gandhi jedoch nicht aktiv an der indischen nationalistischen Bewegung. Nach der Vereinigung im Jahr 1916 durch Frau Annie Besant überholten die fortschrittlichsten Elemente sie bald und versammelten sich unter der Führung des großen Hindu Lokamanya Bal Gangadhar Tilak, eines Mannes von außergewöhnlicher Energie, der wie in einem dreifachen Bündel Eisen vereinte großer Geist, ein starker Wille und ein hoher Charakter. Seine Intelligenz war vielleicht sogar schärfer als die von Gandhi, oder besser gesagt, sie basierte stärker auf der alten asiatischen Kultur. Er war ein Gelehrter, ein Mathematiker, der alle persönlichen Ambitionen geopfert hatte, um seinem Land zu dienen. Wie Gandhi suchte er keine persönliche Anerkennung und sehnte sich nur nach dem Triumph seines Ideals, um sich aus dem politischen Feld zurückziehen und sich wieder seiner wissenschaftlichen Arbeit widmen zu können. Solange er lebte, war er der unbestrittene Führer Indiens. Wer kann sagen, was passiert wäre, wenn er 1920 nicht einen frühen Tod erlitten hätte? Wenn Tilak gelebt hätte, wäre Gandhi, der Tilaks Genie verehrte, obwohl er sich in Methoden und Richtlinien radikal von ihm unterschied, zweifellos der religiöse Führer der Bewegung geblieben. Wie großartig hätte das indische Volk unter solch einer doppelten Führung weitermarschieren können! Sie wären unwiderstehlich gewesen, denn Tilak war ein Meister des Handelns, genau wie Gandhi ein Meister der spirituellen Macht ist. Doch das Schicksal entschied anders. Es ist vielleicht zu bedauern, nicht nur für Tilak, sondern auch für Indien und sogar für Gandhi. Die Rolle des Minderheitenführers, des Führers der moralischen Elite, hätte eher Gandhis innersten Wünschen und seinem Wesen entsprochen. Gerne hätte er Tilak die Mehrheit regieren lassen, denn Gandhi hatte nie an Mehrheiten geglaubt. Aber Tilak hatte es getan. Tilak, ein geborener Mathematiker und Meister des Handelns, glaubte an Zahlen.

Er war instinktiv demokratisch. Er war entschieden ein Politiker, der religiöse Erwägungen außer Acht ließ. Er behauptete, dass Politik nichts für *Sadhus* (Heilige, fromme Männer) sei. Dieser strenge Wissenschaftler hätte die Wahrheit dem Patriotismus geopfert. Und dieser äußerst ehrliche und aufrichtige Mann, dessen Privatleben von makelloser Reinheit geprägt war, zögerte nicht zu sagen, dass in der Politik alles seine Berechtigung hat. Man könnte sagen, dass Tilaks Politikauffassung und die der Diktatoren Moskaus etwas gemeinsam haben. Nicht so bei Gandhis Ideal. [22] Tilaks und Gandhis Diskussionen brachten ihre unterschiedlichen Standpunkte zum Ausdruck. Zwischen Menschen, die so aufrichtig sind wie sie, muss es unversöhnliche Gegensätze geben, da ihre Methoden auf ihren Überzeugungen basieren, die im grundlegenden Gegensatz stehen. Jeder Mann respektierte und verehrte den anderen. Aber Gandhi hatte das Gefühl, dass er, wenn es darauf ankäme, immer die Wahrheit über die Freiheit und sogar über sein Land stellen würde, während Tilak sein Land über alles stellte. Gandhi hat das Gefühl, dass sein Glaube an sein Ideal, an die Religion, wie sie in der Wahrheit zum Ausdruck kommt, noch größer ist, egal wie groß seine Liebe zu seinem Land ist.

Wie er am 11. August 1920 sagt:

> Ich bin mit Indien verbunden, weil ich absolut davon überzeugt bin, dass es eine Mission für die Welt hat ... Meine Religion kennt keine geografischen Grenzen. Ich habe einen lebendigen Glauben daran, der sogar meine Liebe zu Indien selbst übertreffen wird. [23]

Diese edlen Worte geben den Schlüssel zu dem Kampf, den wir jetzt beschreiben werden. Sie beweisen, dass der Apostel Indiens der Apostel der Welt ist und dass er einer von uns ist. Der Kampf, den der Mahatma vor vier Jahren zu führen begann, ist unser Kampf. [24]

§ 5

Es sei darauf hingewiesen, dass Gandhi, als er als Oppositionsführer gegen die Rowlatt-Gesetze ins politische Feld trat, nur von dem Wunsch bewegt war, das Land vor Gewalt zu bewahren. [25] Der Aufstand musste kommen; er wusste, dass es keine Möglichkeit gab, es zu vermeiden. Es ging also darum, es in gewaltfreie Kanäle umzuwandeln.

Um Gandhis Wirken zu verstehen, muss man sich darüber im Klaren sein, dass seine Lehre einem riesigen Gebäude gleicht, das aus zwei verschiedenen Stockwerken oder Ebenen besteht. Nachfolgend finden Sie die solide Grundlage, das Grundfundament der Religion. Auf diesem riesigen und unerschütterlichen Fundament basiert die politische und gesellschaftliche Kampagne. Es ist nicht die ideale Fortsetzung des unsichtbaren Fundaments, aber es ist die bestmögliche Struktur unter den gegenwärtigen Bedingungen. Es wird den Gegebenheiten angepasst.

Mit anderen Worten: Gandhi ist von Natur aus religiös, und seine Lehre ist im Wesentlichen religiös. Er ist zwangsläufig ein politischer Führer, weil andere Führer verschwinden und die Gewalt der Umstände ihn dazu zwingt, das Schiff durch den Sturm zu steuern und seiner Doktrin praktischen politischen Ausdruck zu verleihen. Diese Entwicklungen sind interessant, aber der wesentliche Teil des Gebäudes ist die Krypta, die tief und gut gebaut ist und dazu gedacht ist, eine ganz andere Kathedrale zu beherbergen als die Struktur, die sich schnell darüber erhebt. Allein die Krypta ist langlebig. Der Rest ist provisorisch und dient nur in den Übergangsjahren, bis die Pläne für eine Kathedrale ausgearbeitet werden können, die den Grundlagenarbeiten würdig ist. Ein Verständnis der Prinzipien, auf denen die riesige unterirdische Krypta basiert, ist daher unerlässlich, denn hier finden Gandhis Gedanken ihren wahren Ausdruck. In die Tiefen dieser Krypta steigt er jeden Tag hinab, um Inspiration und Kraft zu suchen, um die Arbeit oben fortzusetzen.

Gandhi glaubt an die Religion seines Volkes, an den Hinduismus. Aber er ist kein Gelehrter, der auf die sorgfältige Interpretation von Texten fixiert ist, noch ist er ein blinder Gläubiger, der alle Traditionen seiner Religion bedingungslos akzeptiert. Seine Religion muss seiner Vernunft genügen und den Geboten seines Gewissens entsprechen.

> Ich würde Religion nicht zum Fetisch machen und das Böse in seinem heiligen Namen dulden. [26]

> Mein Glaube an die hinduistische Schrift erfordert nicht, dass ich jedes Wort und jeden Vers als göttlich inspiriert annehme. Ich lasse mich nicht an irgendeine Interpretation binden, wie gelehrt sie auch sein mag, wenn sie der Vernunft oder dem moralischen Sinn widerspricht. [27]

Er betrachtet den Hinduismus auch nicht als die einzige Religion, und das ist ein sehr wichtiger Punkt.

> Ich glaube nicht an die ausschließliche Göttlichkeit der Veden. Ich glaube, dass die Bibel, der Koran und das Zend-Avesta ebenso göttlich inspiriert sind wie die Veden ... Der Hinduismus ist keine missionarische Religion. Darin ist Platz für die Verehrung aller Propheten der Welt ... Der Hinduismus fordert jeden auf , Gott gemäß seinem eigenen Glauben oder *Dharma anzubeten* , und lebt daher in Frieden mit allen Religionen. [28]

Er sieht die Fehler und Laster, die sich im Laufe der Jahrhunderte in die Religion eingeschlichen haben, und brandmarkt sie, fügt aber hinzu:

Ich kann meine Gefühle für den Hinduismus genauso wenig beschreiben wie für meine eigene Frau. Sie berührt mich wie keine andere Frau auf der Welt. Nicht, dass sie keine Fehler hätte; Ich wage zu behaupten, dass sie viel mehr hat, als ich selbst sehe. Aber das Gefühl einer unauflöslichen Bindung ist da. Trotzdem empfinde ich den Hinduismus mit all seinen Fehlern und Einschränkungen. Nichts begeistert mich so sehr wie die Musik der Gitâ oder des Ramayana von Tulasidas , den einzigen beiden Büchern des Hinduismus, die ich wohl kenne. Ich weiß, dass heute in allen großen Hindu-Schreinen Laster herrschen, aber ich liebe sie trotz ihrer Mängel. Ich bin durch und durch ein Reformer. Aber mein Eifer führt mich nie dazu, die wesentlichen Dinge des Hinduismus abzulehnen. [29]

Was sind die wesentlichen Dinge, an die Gandhi glaubt? In einem Artikel vom 6. Oktober 1921 definiert Gandhi seine Vorstellung vom Hinduismus:

1. Er glaubt, sagt er, an die „Veden, die Upanishaden, die Puranas und alles, was unter dem Namen hinduistische Schriften bekannt ist". Er glaubt daher an *Avataras* und Wiedergeburt.

2. Er glaubt an das *Varnashrama Dharma* [30] oder die „Disziplin der Kasten" in einem Sinne, den er als „streng vedisch" ansieht, der aber möglicherweise nicht dem gegenwärtigen „populären und groben Sinn" entspricht.

3. Er glaubt an den „Schutz der Kuh in einem viel größeren Sinne als im Volksmund".

4. Er „glaubt nicht an den Götzendienst".

Jeder Abendländer, der Gandhis „Credo" liest und bei diesen Zeilen stehen bleibt, neigt dazu, das Gefühl zu haben, dass sie eine Mentalität offenbaren, die sich von der unseren so sehr unterscheidet und zeitlich und räumlich so weit entfernt ist, dass ein Vergleich mit unseren Idealen aufgrund des Fehlens eines Gemeinsamen unmöglich ist messen. Aber wenn er weiterliest, wird er ein paar Zeilen weiter unten die folgenden Worte finden, die eine Lehre ausdrücken, die uns vertrauter ist:

Ich glaube implizit an den hinduistischen Aphorismus, dass niemand die *Shastras wirklich kennt, der nicht die Vollkommenheit in Unschuld (Ahimsa)*, Wahrheit (*Satya*) und Selbstbeherrschung (*Brahma- Charya*) erreicht hat und der nicht auf jeglichen Erwerb oder Besitz von Reichtum verzichtet hat .

Hier verbinden sich die Worte des Hindus mit denen des Evangeliums. Und Gandhi war sich ihrer Ähnlichkeit bewusst. Auf einen englischen Geistlichen, der ihn 1920 fragte, welche Bücher ihn am meisten beeinflusst hätten, antwortete Gandhi: „Das Neue Testament." [31]

Die letzten Worte von Gandhis „Ethischer Religion" sind ein Zitat aus dem Neuen Testament, [32] und er behauptet, dass ihm die Offenbarung des passiven Widerstands nach der Lektüre der Bergpredigt im Jahr 1893 zuteil wurde. [33] Als der Geistliche ihn fragte Gandhi antwortete zu seiner Überraschung, wenn er nicht die gleiche Botschaft in den hinduistischen Schriften gefunden hätte, dass er zwar Inspiration und Führung in der Bhagavad Gitâ gefunden habe, die er verehrt und bewundere, das Geheimnis des passiven Widerstands sei ihm jedoch durch die Neue klar geworden Testament. Eine große Freude sei in ihm aufgestiegen, sagt er, als die Offenbarung zu ihm kam und erneut, als die Gitâ diese Offenbarung bestätigte. [34] Gandhi sagt auch, dass Tolstois Ideal, dass das Reich Gottes in uns sei, ihm geholfen habe, seinen eigenen Glauben in eine echte Lehre zu verwandeln. [35]

Es sollte nicht vergessen werden, dass dieser asiatische Gläubige Ruskin [36] und Platon [37] übersetzt hat und Thoreau zitiert, Mazzini bewundert, Edward Carpenter liest und dass er, kurz gesagt, mit dem Besten vertraut ist, was Europa und Amerika hervorgebracht haben.

Es gibt keinen Grund, warum ein Westler Gandhis Lehre nicht so gut verstehen sollte, wie Gandhi die unserer großen Männer versteht, vorausgesetzt, der Westler nimmt sich die Mühe, Gandhi ein wenig gründlich zu studieren. Es ist wahr, dass die bloßen Worte von Gandhis Glaubensbekenntnis ihn überraschen könnten und dass zwei Absätze, wenn man sie oberflächlich liest, tatsächlich so sehr von unserer Mentalität abweichen könnten, dass sie eine fast unüberwindbare Barriere zwischen den religiösen Idealen Asiens und Europas bilden. Einer dieser Absätze bezieht sich auf den Kuhschutz und der andere auf das Kastensystem. Was Gandhis Hinweis auf den Götzendienst betrifft, so bedarf er keiner besonderen Untersuchung. Gandhi erklärt seine Einstellung, indem er sagt, dass er keine Verehrung für Götzen hege, sondern glaube, dass die Verehrung von Götzen Teil der menschlichen Natur sei. Er betrachtet es als inhärent für die Zerbrechlichkeit des menschlichen Geistes, weil wir alle „sich nach Symbolik sehnen" und unseren Glauben unbedingt materialisieren müssen, um ihn wirklich zu verstehen. Wenn Gandhi sagt, dass er nicht an den Götzendienst glaubt, meint er nicht mehr als das, was wir in all unseren rituellen Kirchen des Westens unterstützen.

„Kuhschutz", sagt Gandhi, ist die zentrale Tatsache des Hinduismus. Er betrachtet es als eines der „wundervollsten Phänomene der menschlichen

Evolution". Warum? Denn die Kuh gilt für ihn als Symbol der gesamten „untermenschlichen Welt". Kuhschutz bedeutet, dass der Mensch einen Bündnispakt mit seinen stummen Brüdern schließt; es bedeutet Brüderlichkeit zwischen Mensch und Tier. Gemäß Gandhis schönem Ausdruck wird der Mensch durch das Lernen, ein Tier zu respektieren und zu verehren, „über seine Spezies hinausgeführt und dazu gezwungen, seine Identität mit allem Lebendigen zu erkennen."

Lebewesen vorgezogen wurde, dann deshalb, weil sie in Indien der beste Gefährte und Überflussgeber war. Sie lieferte nicht nur die Milch, sondern ermöglichte auch die Landwirtschaft. Und Gandhi sieht in „diesem sanften Tier" ein „Gedicht des Mitleids".

Aber Gandhis Kuhanbetung hat nichts Abgöttisches an sich, und niemand verurteilt härter als er den Fetischismus vieler sogenannter Gläubiger, die sich an den Buchstaben der „Kuhanbetung" halten, ohne einen Geist des Mitgefühls „für die stummen Geschöpfe" zu zeigen Gott." Wer den Geist des Mitgefühls und der Mitgefühligkeit versteht, den Gandhi den Menschen für ihre dummen Brüder vermitteln möchte – und wer hätte das besser verstanden als der *Poverello* Assisi? –, ist nicht überrascht, dass Gandhi in seinem Glaubensbekenntnis so viel Wert auf den Kuhschutz legt . Von diesem Standpunkt aus kann er zu Recht sagen, dass der Kuhschutz das „Geschenk des Hinduismus an die Welt" sei. Zum Gebot des Evangeliums „Liebe deinen Nächsten wie dich selbst" fügt Gandhi hinzu: „Und jedes Lebewesen ist dein Nächster." [38]

Gandhis Glaube an das Kastensystem ist für einen europäischen oder westlichen Geist fast schwieriger zu verstehen – er erscheint fast fremder als die Idee der Gemeinschaft aller Lebewesen. Ich sollte vielleicht „europäischer oder westlicher Geist von heute" sagen, denn während wir immer noch an eine gewisse Gleichheit glauben, weiß der Himmel, wie wir uns in Zukunft fühlen werden, wenn wir die Konsequenzen der dem Namen nach demokratischen Entwicklung völlig durchdrungen haben nur das, was wir durchmachen! Ich kann mir nicht vorstellen, dass meine Erklärung von Gandhis Ansichten in unserem gegenwärtigen Entwicklungsstadium sie in Bezug auf das Kastensystem als akzeptabel erscheinen lässt; Ich bin auch nicht darauf bedacht, dass sie so aussehen. Aber ich möchte klarstellen, dass Gandhis Vorstellung vom Kastensystem sich von dem unterscheidet, was wir normalerweise unter diesem Begriff verstehen, da er sie nicht auf Stolz oder eitlen Vorstellungen von sozialer Überlegenheit gründet, sondern auf Pflichten.

> Ich neige dazu, [sagt er] zu glauben, dass das Gesetz der
> Vererbung ein ewiges Gesetz ist und dass jeder Versuch, es
> zu ändern, zu völliger Verwirrung führen muss ...

Varnashrama *oder* das Kastensystem ist der menschlichen Natur innewohnend. Der Hinduismus hat es einfach auf eine Wissenschaft reduziert.

Gandhi glaubt an vier Klassen oder Kasten. Die *Brahmanen* , die intellektuelle und spirituelle Klasse; die Militär- und Regierungsschicht; die *Vaishyas* , die kommerzielle, industrielle Klasse; und die *Shudras* , Arbeiter und Arbeiter. Diese Klassifizierung bedeutet keine Überlegenheit oder Unterlegenheit. Es steht einfach für unterschiedliche Berufe. „Diese Klassen definieren Pflichten, sie verleihen keine Privilegien." [39]

Es widerspricht der Genialität des Hinduismus, sich einen höheren Status anzumaßen oder anderen einen niedrigeren zuzuweisen. Alle sind geboren, um Gottes Schöpfung zu dienen: der *Brahman* mit seinem Wissen, der *Kshatriya* mit seiner Schutzkraft, der *Vaishya* mit seinen kommerziellen Fähigkeiten, der *Shudra* mit seiner körperlichen Arbeit.

Das bedeutet nicht, dass ein *Brahmane* von der körperlichen Arbeit befreit ist, aber es bedeutet, dass er überwiegend ein Mann des Wissens ist und aufgrund seiner Ausbildung und Vererbung in der Lage ist, dieses Wissen an andere weiterzugeben. Es gibt nichts, was einen *Shudra daran hindern könnte* , sich das gesamte Wissen anzueignen, das er sich wünscht. Nur er wird mit seinem Körper am besten dienen und muss andere nicht um ihre besonderen Dienstqualitäten beneiden. Ein *Brahmane* , der aufgrund des Wissens Anspruch auf Überlegenheit erhebt, fällt und hat kein Wissen. Varnashrama ist Selbstbeherrschung und Erhaltung von Wirtschaft und Energie....

Gandhis Kastensystem basiert daher auf „Verzicht und nicht auf Privilegien". Darüber hinaus sollte nicht vergessen werden, dass nach dem Hinduismus die Reinkarnation ein allgemeines Gleichgewicht wiederherstellt, da im Laufe aufeinanderfolgender Existenzen ein *Brahman zu einem Shudra* wird und *umgekehrt.*

Das Kastensystem, das verschiedene gleichrangige Klassen umfasst, hat keinerlei Bezug zur Haltung der Hindus gegenüber den „Unberührbaren" oder Parias. Wir werden uns später mit Gandhis leidenschaftlichen Appellen für die Parias befassen. Sein Wahlkampf zugunsten der „unterdrückten Klassen" ist eine der attraktivsten Phasen seines Apostelamtes. Gandhi betrachtet das Paria-System als Schandfleck für den Hinduismus; Es ist eine abscheuliche Entstellung der wahren Lehre, und er leidet unerträglich darunter.

Ich würde lieber in Stücke gerissen werden, als meine
Brüder aus den unterdrückten Klassen zu verleugnen ... Ich
möchte nicht wiedergeboren werden, aber wenn ich
wiedergeboren werden muss, sollte ich „unantastbar" sein,
damit ich ihre Sorgen und Leiden teilen kann und die gegen
sie gerichteten Beleidigungen, damit ich mich bemühen
kann, sie aus ihrem elenden Zustand zu befreien.

Und er adoptiert ein kleines „unantastbares" Mädchen und spricht voller
Rührung von diesem bezaubernden kleinen Kobold von sieben Jahren, der
mit seinem fröhlichen Geschwätz den Haushalt regiert.

<h2 style="text-align:center">§ 6</h2>

Ich habe genug gesagt, um Gandhis großes evangelisches Herz zu zeigen, das
unter seinem hinduistischen Glaubensbekenntnis schlägt. Gandhi ist ein
Tolstoi in einem sanfteren , besänftigteren und, wenn ich es wagen würde,
würde ich sagen, in einem christlicheren Sinne, denn Tolstoi ist nicht so sehr
ein Christ von Natur aus, sondern vielmehr aufgrund seiner Willenskraft.

Die Ähnlichkeit zwischen den beiden Männern ist am größten, oder vielleicht
war Tolstois Einfluss am stärksten, in ihrer Verurteilung der europäischen
und abendländischen Zivilisation.

Seit Rousseau wurde unsere westliche Zivilisation von den freiesten und
breitesten Köpfen Europas angegriffen. Als Asien begann, sich seiner
eigenen Macht und seiner Rebellion gegen die westliche Unterdrückung
bewusst zu werden, brauchte es nur einen Blick in die Akten Europas zu
werfen, um beeindruckende Aufzeichnungen über die Ungerechtigkeit seiner
sogenannten zivilisierten Eindringlinge zusammenzustellen. Gandhi hat es
nicht versäumt, und in seinem „Hind Swaraj" zitiert er eine Liste von
Büchern, von denen viele von Engländern geschrieben wurden und die die
europäische Zivilisation verurteilen. Aber das Dokument, auf das es keine
Erwiderung geben kann, ist das, das Europa selbst im Lebenselixier von
Rassen aufgespürt hat, die im Namen lügnerischer Prinzipien unterdrückt
und ausgeplündert wurden, und vor allem in der dreisten Enthüllung von
Europas Lügen, Gier und Grausamkeit, wie sie sich entfalteten während des
letzten Krieges, der als „Krieg für die Zivilisation" bezeichnet wurde. Und
darin versank Europa so tief, dass es in seinem Wahnsinn sogar die Völker
Asiens und Afrikas einlud, ihre Nacktheit zu betrachten. Sie sahen sie und
beurteilten sie.

Der letzte Krieg hat wie kein anderer die satanische [40]
Natur der Zivilisation gezeigt, die heute Europa beherrscht.
Jeder Kanon der öffentlichen Moral wurde von den Siegern
im Namen der Tugend gebrochen. Keine Lüge wurde als zu

abscheulich angesehen, um ausgesprochen zu werden. Das Motiv hinter jedem Verbrechen ist nicht religiös oder spirituell, sondern grob materiell... Europa ist heute nur noch nominell christlich. In Wirklichkeit verehrt es den Mammon. [41]

Solche Gefühle werden Sie in den letzten fünf Jahren immer wieder finden, sowohl in Indien als auch in Japan. Führungskräfte, die zu umsichtig sind, sie offen auszusprechen, zeigen durch ihre Haltung, dass dies ihre tiefste Überzeugung ist. Dies ist nicht die geringste Katastrophe des Pyrrhussiegs von 1918.

Gandhi hatte jedoch das wahre Gesicht der westlichen Zivilisation schon lange vor 1914 gesehen. Es hatte sich ihm während seines zwanzigjährigen Feldzugs in Südafrika entlarvt, und 1908 nannte er in seinem „Hind Swaraj" die moderne Zivilisation die „ großes Laster.

Zivilisation, sagt Gandhi, ist Zivilisation nur dem Namen nach. In Wirklichkeit entspricht es dem, was der alte Hinduismus das dunkle Zeitalter nannte. Sie hat das materielle Wohlergehen zum einzigen Ziel des Lebens erklärt. Es verachtet spirituelle Werte. Es macht die Europäer wütend, führt dazu, dass sie nur das Geld verehren, und hindert sie daran, Frieden zu finden oder das Beste in sich zu entwickeln. Zivilisation im westlichen Sinne bedeutet die Hölle für die Schwachen und die Arbeiterklasse. Es untergräbt die Vitalität des Rennens. Aber diese satanische Zivilisation wird sich selbst zerstören. Die westliche Zivilisation ist Indiens wahrer Feind, viel mehr als die Engländer, die einzeln nicht schlecht sind, aber einfach unter ihrer Zivilisation leiden. Gandhi kritisiert diejenigen seiner Landsleute, die die Engländer vertreiben, Indien selbst entwickeln und nach europäischen Maßstäben zivilisieren wollen. Das, sagt er, wäre so, als hätte man die Natur eines Tigers ohne den Tiger. Indiens Ziel sollte es sein, die westliche Zivilisation abzulehnen.

In seiner Kritik an der westlichen Zivilisation würdigt Gandhi insbesondere drei Kategorien von Männern: Richter, Ärzte und Lehrer.

Gandhis Einwand gegen Lehrer ist durchaus verständlich, da sie die Hindus dazu erzogen haben, ihre eigene Sprache zu verachten oder zu vernachlässigen und ihre wahren Bestrebungen zu verleugnen; Tatsächlich haben die Lehrer in Indien den von ihnen betreuten Schulkindern eine Art nationale Erniedrigung zugefügt. Außerdem sprechen westliche Lehrer nur den Geist an; Sie vernachlässigen die Erziehung des Herzens und des Charakters. Schließlich werten sie körperliche Arbeit ab, und die Verbreitung einer rein literarischen Ausbildung in einem Land, in dem achtzig Prozent der Bevölkerung in der Landwirtschaft und zehn Prozent in der Industrie leben, ist geradezu kriminell.

Der Beruf des Richters ist unmoralisch. In Indien sind die Gerichte ein Instrument der britischen Herrschaft; Sie fördern Meinungsverschiedenheiten unter den Indern und fördern und verstärken im Allgemeinen Missverständnisse und Feindseligkeiten. Sie stehen für eine mästende, lukrative Ausbeutung der schlimmsten Instinkte.

Was den Beruf des Arztes angeht, so gibt Gandhi zu, dass er sich zunächst dazu hingezogen fühlte, doch bald merkte er, dass er nicht ehrenhaft war. Denn in der westlichen Medizin geht es nur darum, leidenden Körpern Linderung zu verschaffen. Sie strebt nicht danach, die Ursache von Leid und Krankheit zu beseitigen, die in der Regel nichts anderes als Laster ist. Tatsächlich könnte man fast sagen, dass die westliche Medizin das Laster fördert, indem sie es einem Mann ermöglicht, seine Leidenschaften und Gelüste mit dem geringstmöglichen Risiko zu befriedigen. Es trägt daher zur Demoralisierung der Menschen bei; es schwächt ihre Willenskraft, indem es ihnen hilft, sich mit „schwarzen Magie"-Rezepten zu heilen, anstatt sie zu zwingen, ihren Charakter durch Disziplinarregeln für Körper und Seele zu stärken. [42] Der falschen medizinischen Wissenschaft des Westens, die Gandhi oft zu Unrecht kritisiert hat, stellt er die präventive medizinische Wissenschaft gegenüber. Er hat zu diesem Thema eine kleine Broschüre mit dem Titel „Ein Leitfaden zur Gesundheit" verfasst, die das Ergebnis zwanzigjähriger Erfahrung ist. Es ist sowohl eine moralische als auch eine therapeutische Abhandlung, denn laut Gandhi ist „Krankheit sowohl das Ergebnis unserer Gedanken als auch unserer Handlungen." Er hält es für eine relativ einfache Angelegenheit, bestimmte Regeln festzulegen, die Krankheiten vorbeugen. Denn alle Krankheiten haben denselben Ursprung, d . h . h. aus der Vernachlässigung der Naturgesetze der Gesundheit. Der Körper ist Gottes Wohnstätte. Es muss rein gehalten werden. An Gandhis Standpunkt ist etwas dran, aber er weigert sich ein wenig zu hartnäckig, die Wirksamkeit von Heilmitteln anzuerkennen, die sich tatsächlich als nützlich erwiesen haben. Auch seine moralischen Grundsätze sind äußerst streng. [43]

§ 7

Aber der Kern der modernen Zivilisation, sozusagen ihr Herz, ist die Maschinerie. Zeitalter des Eisens! Herz aus Eisen! Die Maschine ist zu einem monströsen Idol geworden. Es muss abgeschafft werden. Gandhis sehnlichster Wunsch ist die Vernichtung der Maschinen aus Indien. Einem freien Indien, dem Erbe der britischen Maschinerie, würde er ein vom britischen Markt abhängiges Indien vorziehen. Es wäre besser, in Manchester hergestellte Materialien zu kaufen, als Manchester-Fabriken in Indien zu errichten. Ein indischer Rockefeller wäre nicht besser als ein europäischer Kapitalist. Maschinerie ist die große Sünde, die Nationen versklavt, und Geld ist ebenso ein Gift wie sexuelle Laster.

Indische Progressive, die von modernen Ideen durchdrungen sind, fragen sich jedoch, was aus Indien würde, wenn es keine Eisenbahnen, Straßenbahnen oder Industrien gäbe. Gandhi fragt dazu, ob Indien nicht existierte, bevor sie erfunden wurden? Seit Jahrtausenden hat Indien allein und unerschütterlich der wechselnden Flut von Imperien widerstanden. Alles andere ist vergangen. Aber vor Tausenden von Jahren lernte Indien die Kunst der Selbstbeherrschung und beherrschte die Wissenschaft des Glücks. Von anderen Nationen kann sie nichts lernen. Sie braucht nicht die Maschinen großer Städte. Ihr alter Wohlstand beruhte auf dem Pflug und dem Spinnrad sowie auf Kenntnissen der hinduistischen Philosophie. Indien muss zu den Quellen seiner alten Kultur zurückkehren. Natürlich nicht auf einmal, sondern nach und nach. Und jeder muss bei der Entwicklung mithelfen. [44]

Das ist Gandhis grundlegendes Argument. Es handelt sich um ein sehr wichtiges Thema, das eine Diskussion erfordert. Denn es steht für eine Leugnung des Fortschritts und praktisch der wissenschaftlichen Errungenschaften Europas. [45] Diese mittelalterliche Auffassung gerät daher leicht in Konflikt mit dem vulkanischen Vorwärtsmarsch des menschlichen Geistes und birgt die Gefahr, in Stücke gerissen zu werden. Aber zunächst einmal wäre es vielleicht klüger, vom „Vorwärtsmarsch einer bestimmten *Phase* des menschlichen Geistes" zu sprechen, denn wenn man, wie ich glaube, an die symphonische Einheit des universellen Geistes glauben darf, muss man sich darüber im Klaren sein dass es aus vielen verschiedenen Stimmen besteht, von denen jede ihren eigenen Teil singt. Unser jugendliches Abendland, das von seiner eigenen Partitur mitgerissen wird, ist sich nicht ausreichend darüber im Klaren, dass es das Lied nicht immer angeführt hat und dass sein eigenes Gesetz des Fortschritts Verfinsterungen, Rückschlägen und Neuanfängen unterliegt; Es wäre falsch zu sagen, dass die Geschichte der menschlichen Zivilisation in Wirklichkeit eine Geschichte menschlicher Zivilisationen ist und dass zwar innerhalb des Bereichs jeder Zivilisation ein gewisser Fortschritt erkennbar sein kann, ein unregelmäßiger, chaotischer, unterbrochener und manchmal völlig zum Stillstand gekommener Fortschritt dass die Vorherrschaft einer großen Zivilisation über eine andere notwendigerweise einen allgemeinen menschlichen Fortschritt impliziert.

Aber ohne uns auf eine Diskussion über das europäische Fortschrittsdogma einzulassen und nur zu bedenken, dass dieses Dogma, so wie es ist, im Widerspruch zu Gandhis Glauben steht, müssen wir erkennen, dass kein Konflikt Gandhis Glauben schwächen wird. Etwas anderes zu glauben käme einer völligen Unkenntnis der Funktionsweise des orientalischen Geistes gleich. Wie Gobineau sagt: „ Asiaten sind in jeder Hinsicht viel eigensinniger als wir. Sie werden, wenn nötig, Jahrhunderte auf die Erfüllung ihres Ideals warten, und wenn es nach einem so langen Schlaf siegreich aufsteht, scheint es nicht gealtert zu sein." hat etwas von seiner Vitalität verloren. Jahrhunderte bedeuten einem Hindu nichts. Gandhi ist auf den Triumph seiner Sache in diesem Jahr vorbereitet. Aber er ist im Laufe mehrerer Jahrhunderte gleichermaßen darauf vorbereitet. Er erzwingt keine Zeit. Und wenn die Zeit langsam eilt, reguliert er seinen Gang durch ihren Lauf.

Sollte Gandhi daher im Laufe seines Wahlkampfs feststellen, dass Indien nicht ausreichend darauf vorbereitet ist, die radikalen Reformen, die er durchsetzen möchte, zu verstehen und umzusetzen , wird er seine Doktrin den Verhältnissen anpassen. Er wird seine Zeit abwarten. Deshalb ist es nicht verwunderlich, den unversöhnlichen Feind der Maschinerie im Jahr 1921 erklären zu hören:

> Ich würde nicht über das Verschwinden von Maschinen weinen oder es als eine Katastrophe betrachten. Aber im Moment habe ich keine Entwürfe für Maschinen als solche. [46]

Oder:

> Das Gesetz der vollkommenen Liebe ist das Gesetz meines Wesens. Aber ich predige dieses endgültige Gesetz nicht durch die politischen Maßnahmen, die ich befürworte. Ich weiß, dass jeder derartige Versuch zum Scheitern verurteilt ist. Von einer ganzen Masse von Männern und Frauen zu erwarten, dass sie diesem Gesetz auf einmal gehorchen, bedeutet nicht, zu wissen, wie es funktioniert. [47] Ich bin kein Visionär. Ich behaupte, ein praktischer Idealist zu sein. [48]

Gandhi verlangt von Männern nie mehr, als sie geben können. Aber er bittet um alles, was sie geben können. Und das ist viel in einer Nation wie Indien – einer beeindruckenden Nation, aufgrund ihrer zahlenmäßigen Stärke, ihrer Dauerkraft und ihrer abgrundtiefen Seele. Von Anfang an haben Gandhi und Indien einen Pakt geschlossen; Sie verstehen sich ohne Worte. Gandhi weiß, was er von Indien verlangen kann, und Indien ist bereit, alles zu geben, was Gandhi verlangt.

Zwischen Gandhi und Indien herrscht vor allem absolute Einigkeit über das Ziel: *Swaraj* , Heimherrschaft, für die Nation. [49]

„Ich weiß", sagt er, „dass *Swaraj* das Ziel der Nation ist und nicht der Gewaltlosigkeit."

Und er fügt mit verblüffenden Worten hinzu: „Ich würde Indien lieber durch Gewalt befreit sehen, als wie ein Sklave an seine ausländischen Unterdrücker gefesselt zu sein."

Aber, fährt er fort und korrigiert sich sogleich, das sei eine unmögliche Annahme, denn Gewalt könne Indien niemals befreien. *Swaraj* kann nur durch Seelenkraft erreicht werden. Dies ist Indiens wahre Waffe, die unbesiegbare Waffe der Liebe und Wahrheit. Gandhi drückt dies mit dem Begriff *Satyagraha aus* , den er als Wahrheitskraft und Liebeskraft definiert. [50] Gandhis Genie offenbarte sich, als er durch die Verkündigung dieses Evangeliums seinem Volk seine wahre Natur und seine verborgene Stärke offenbarte.

in Südafrika das Wort *Satyagraha , um den Unterschied zwischen seinem Ideal und dem des passiven Widerstands zu erklären.* Besonders hervorzuheben ist der Unterschied zwischen diesen beiden Bewegungen. Nichts ist falscher, als Gandhis Kampagne eine Bewegung des passiven Widerstands zu nennen. Niemand hat eine größere Abscheu vor Passivität als dieser unermüdliche Kämpfer, der eine der heroischsten Inkarnationen eines Mannes ist, der *Widerstand leistet.* Die Seele seiner Bewegung ist aktiver Widerstand – Widerstand, der seinen Ausdruck nicht in Gewalt findet, sondern in der aktiven Kraft der Liebe, des Glaubens und der Opferbereitschaft. Diese dreifache Energie wird im Wort *Satyagraha ausgedrückt.*

Der Feigling soll nicht versuchen, seine Feigheit unter Gandhis Banner zu verbergen! Gandhi vertreibt ihn aus der Gemeinschaft. Lieber Gewalt als Feigheit!

> Wo es nur die Wahl zwischen Feigheit und Gewalt gibt , rate ich zu Gewalt.... [51] Ich kultiviere den stillen Mut, zu sterben, ohne zu töten. Aber wer diesen Mut nicht hat, dem rate ich lieber zu töten und getötet zu werden, als schändlich vor der Gefahr zu fliehen. Denn wer wegläuft, begeht seelische Gewalt; Er rennt weg, weil er nicht den Mut hat, getötet zu werden, während er tötet. [52]

> Ich würde tausendmal Gewalt riskieren, anstatt die Rasse zu entmannen. [53] Mir wäre es lieber, wenn Indien zu den Waffen greift, um seine Ehre zu verteidigen, als dass es feige ein hilfloses Opfer seiner eigenen Schande wird oder bleibt. [54]

> Aber ich glaube, dass Gewaltlosigkeit der Gewalt unendlich überlegen und Vergebung männlicher ist als Bestrafung. Vergebung ziert einen Soldaten. Abstinenz ist nur dann Vergebung, wenn die Macht zur Bestrafung vorhanden ist; es ist bedeutungslos, wenn es vorgibt, von einem hilflosen Geschöpf auszugehen ... Ich glaube nicht, dass Indien hilflos ist. Hunderttausend Engländer müssen nicht dreihundert Millionen Menschen erschrecken.

Außerdem.

Stärke kommt nicht von körperlicher Leistungsfähigkeit. Es entspringt einem unbeugsamen Willen. Gewaltlosigkeit bedeutet nicht, sich sanft dem Willen des Übeltäters zu unterwerfen, sondern sich mit der ganzen Seele dem Willen des Tyrannen zu widersetzen. Unter diesem Gesetz unseres Seins ist es für ein einzelnes Individuum möglich, der gesamten Macht eines ungerechten Imperiums zu trotzen und den Grundstein für den Untergang oder die Wiederbelebung dieses Imperiums zu legen.

Aber um welchen Preis? Vom *Leiden* – das *große Gesetz*.

Leiden ist das Kennzeichen des menschlichen Stammes. Es ist ein ewiges Gesetz. [55] Die Mutter leidet, damit ihr Kind leben kann. Aus dem Tod entsteht Leben. Voraussetzung für den Weizenanbau ist, dass das Saatkorn zugrunde geht. Kein Land ist jemals auferstanden, ohne durch das Feuer des Leidens gereinigt zu werden ... Es ist unmöglich, das Gesetz des Leidens abzuschaffen, das die einzige unabdingbare Bedingung unseres Seins ist. Der Fortschritt wird an der Menge des erlittenen Leidens gemessen ... je reiner das Leiden, desto größer ist der Fortschritt. [56]

Gewaltlosigkeit in ihrem dynamischen Zustand bedeutet bewusstes Leiden ... Ich habe es gewagt, Indien das alte Gesetz der Selbstaufopferung, das Gesetz des Leidens, vor Augen zu führen. Die *Rishis* , die das Gesetz der Gewaltlosigkeit inmitten der Gewalt entdeckten, waren größere Genies als Newton, größere Krieger als Wellington. Da sie den Gebrauch von Waffen selbst kannten, erkannten sie deren Nutzlosigkeit und lehrten eine müde Welt, dass die Erlösung nicht durch Gewalt, sondern durch Gewaltlosigkeit liege ... Die Religion der Gewaltlosigkeit ist nicht nur für die Rishis und Heiligen *gedacht* . Es ist auch für das einfache Volk gedacht. Gewaltlosigkeit ist das Gesetz unserer Spezies, so wie Gewalt das Gesetz des Tieres ist. Die Würde des Menschen erfordert den Gehorsam gegenüber einem höheren Gesetz – gegenüber der Stärke des Geistes ... Ich möchte, dass Indien Gewaltlosigkeit praktiziert und sich seiner Stärke und Macht bewusst ist. Ich möchte, dass Indien erkennt, dass es eine Seele hat, die nicht sterben kann und die sich triumphierend über jede körperliche Schwäche erheben und der physischen Kombination einer ganzen Welt trotzen kann. [57]

Überheblicher Stolz, seine stolze Liebe zu Indien verlangt von ihr, Gewalt als unwürdig zu verachten und bereit zu sein, sich selbst zu opfern. Gewaltlosigkeit ist ihr Adelstitel. Wenn sie es aufgibt, fällt sie. Gandhi kann diesen Gedanken nicht ertragen.

> Wenn Indien Gewalt zu seinem Glaubensbekenntnis machen würde, hätte ich keine Lust, in Indien zu leben. Sie würde aufhören, irgendeinen Stolz in mir hervorzurufen. Mein Patriotismus ist meiner Religion untergeordnet. Ich klammere mich an Indien wie ein Kind an die Brust seiner Mutter, weil ich spüre, dass es mir die spirituelle Nahrung gibt, die ich brauche. Wenn sie mich im Stich ließe, würde ich mich wie eine Waise fühlen, ohne Hoffnung, jemals einen Vormund zu finden. Dann müssen die Schneehöhen des Himalaya meiner blutenden Seele Ruhe gönnen ... [58]

§ 8

Doch Gandhi zweifelt nicht an der Ausdauer Indiens. Im Februar 1919 beschloss er, die *Satyagraha* -Bewegung ins Leben zu rufen, deren Wirksamkeit bereits während des Agraraufstands im Jahr 1918 getestet worden war.

Die Kampagne ist noch überhaupt nicht politisch: Gandhi ist immer noch ein Loyalist. Und er bleibt einer, solange er noch einen Funken Vertrauen in die Loyalität Englands hat. Bis Januar 1920 befürwortete er die Zusammenarbeit mit dem Reich, auch wenn ihn die Nationalisten dafür heftig kritisierten. [59] Gandhis Argumente sind von seiner aufrichtigen Überzeugung inspiriert, und im ersten Jahr seines Feldzugs gegen die Regierung konnte er Lord Hunter wahrheitsgemäß versichern, dass er die Schüler Satyagrahas für die *treuesten* Unterstützer der Verfassung hielt. Nur die engstirnige Hartnäckigkeit der Regierung zwang den moralischen Führer Indiens schließlich, den Treuevertrag zu zerreißen, durch den er sich als Hund betrachtete.

Daher nimmt die *Satyagraha-* Kampagne zunächst die Form einer verfassungsmäßigen Opposition gegen die Regierung an. Es ist ein respektvoller Aufruf zu bestimmten dringenden Reformen. Die Regierung macht sich der Verabschiedung eines ungerechten Gesetzes schuldig. Die *Satyagrahi* , die gesetzestreue Menschen sind, werden dieses Gesetz absichtlich missachten, weil sie es für ungerecht halten. Wenn ihre Haltung die Regierung nicht von der Notwendigkeit der Aufhebung des Gesetzes überzeugt, werden sie ihren Ungehorsam auf andere Gesetze ausdehnen und möglicherweise jegliche Zusammenarbeit mit der Regierung einstellen. Aber wie unterschiedlich ist die Bedeutung, die Indien diesem Wort gibt, von der, die wir im Westen ihm geben! Was für ein außergewöhnlicher religiöser Heldenmut darin enthalten ist!

Da es den *Satyagrahi* nicht gestattet ist, Gewalt anzuwenden, um ihre Sache voranzutreiben (die Idee dahinter ist, dass auch der Gegner aufrichtig ist, da das, was für den einen wahr erscheint, für den anderen unwahr erscheinen kann, während Gewalt niemals zu Überzeugung führt), [60] sie müssen sich ausschließlich auf die Liebeskraft verlassen, die von ihrem Glauben ausgeht, und auf ihre Bereitschaft, Leid und Opfer freudig und frei anzunehmen. [61] Das ist unwiderstehliche Propaganda. Damit eroberten das Kreuz Christi und seine kleine Herde das Römische Reich.

Um den religiösen Charakter der Bereitschaft des Volkes zu betonen, sich für die ewigen Ideale von Gerechtigkeit und Freiheit zu opfern, rief der Mahatma die Bewegung ins Leben, indem er den 6. April 1919 [62] als einen Tag der Gebete und des Fastens festlegte, indem er einen Tag einführte *Hartal* von ganz Indien. [63] Dies war der erste Schritt.

Dieser erste Schritt ging mitten ins Herz der Menschen, berührte ihr innerstes Bewusstsein. Zum ersten Mal vereinten sich alle Klassen Indiens in demselben Ideal. Indien hat sich selbst gefunden.

Überall herrschte Ordnung. Nur in Delhi kam es zu einigen Unruhen. [64] Gandhi machte sich daran, sie zu beruhigen. Doch die Regierung ließ ihn verhaften und schickte ihn nach Bombay zurück. Die Nachricht von seiner Verhaftung löste im Punjab Unruhen aus; In Amritsar wurden einige Häuser geplündert und einige Menschen getötet. In der Nacht des 11. April traf General Dyer mit seinen Truppen ein und besetzte die Stadt. Überall herrschte Ordnung. Der fünfzehnte war ein großer hinduistischer Festtag. Ein Treffen sollte auf einem offenen Raum namens Jallianwalla Bagh stattfinden . Die Menge war friedlich und bestand aus vielen Frauen und Kindern. Am Abend zuvor hatte General Dyer einen Befehl erlassen, öffentliche Versammlungen zu verbieten, aber niemand hatte davon gehört. Der General kam jedoch mit seinen Maschinengewehren nach Jallianwalla Bagh und eröffnete ohne Vorwarnung das Feuer auf die wehrlose Menschenmasse. Der Schuss dauerte etwa zehn Minuten, bis die Munition aufgebraucht war. Da das Gelände von hohen Mauern umgeben war, konnte niemand entkommen. Fünf- bis sechshundert Hindus wurden getötet und eine viel größere Zahl verletzt. Es gab niemanden, der sich um die Toten und Verwundeten kümmerte. Als Folge des Massakers wurde das Kriegsrecht verhängt und eine Schreckensherrschaft breitete sich über Punjab aus. Flugzeuge warfen Bomben auf die unbewaffnete Menge. Die ehrenwertesten Bürger wurden vor Gericht gezerrt, ausgepeitscht und gezwungen, auf den

Knien zu kriechen, und waren den schockierendsten Demütigungen ausgesetzt. Es war, als würde ein Wind des Wahnsinns über die englischen Herrscher hinwegfegen. Es war, als ob das von Indien verkündete Gesetz der Gewaltlosigkeit die europäische Gewalt in Raserei versetzte. Gandhi sah, dass Blutvergießen und Leid bevorstanden. Aber er hatte nicht versprochen, sein Volk auf einem weißen Weg zum Sieg zu führen. Er hatte sie gewarnt, dass der Weg mit Blut überschwemmt werden würde. Jallianwalla Bagh war nur der Anfang:

> Wir müssen bereit sein, nicht tausend Morde an unschuldigen Männern und Frauen mit Gleichmut zu betrachten, sondern viele Tausende, bevor wir einen Status in der Welt erreichen, der von keiner Nation übertroffen wird ... Wir hoffen daher, dass alle Beteiligten dies tun werden anstatt den Mut zu verlieren und das Hängen als eine alltägliche Angelegenheit des Lebens zu betrachten. [65]

Aufgrund der strengen militärischen Zensur gelangten die Nachrichten über die Schrecken von Punjab mehrere Monate lang nicht an die Öffentlichkeit. Doch als es tatsächlich durchsickerte [66], erfasste eine Welle der Empörung Indien und beunruhigte sogar die englische Meinung. Eine Untersuchung wurde angeordnet und Lord Hunter leitete die Kommission.

In der Zwischenzeit bildete der Nationale Indische Kongress eine Unterkommission , die unabhängig von der Regierung, aber in derselben Richtung, Untersuchungen durchführen sollte. Wie alle intelligenten Engländer erkannten, lag es im offensichtlichen Interesse der Regierung, die Schuldigen des Massakers von Amritsar zu bestrafen. So viel verlangte Gandhi nicht. In seiner bewundernswerten Mäßigung forderte er nicht die Bestrafung von General Dyer und den schuldigen Offizieren. Während er sie anprangerte, verspürte er keine Bitterkeit und suchte keine Rache. Einem Verrückten gegenüber hegt man keinen bösen Willen. Aber man muss ihn dort platzieren, wo er keinen Schaden anrichten kann. Gandhi forderte daher lediglich die Abberufung von General Dyer. Aber *quos vult perdere* . ... Bevor die Untersuchungsergebnisse veröffentlicht werden konnten, erließ die Regierung ein Entschädigungsgesetz zum Schutz der Beamten. Obwohl Dyer von seinem Posten entfernt wurde, wurde er mit Geldern aus privaten Quellen belohnt.

Während sich Indien nach der Punjab-Affäre noch in Aufruhr befand, kam es zu einem zweiten Konflikt zwischen der Regierung und dem Volk, der dieses Mal schwerwiegender war, weil er eine eklatante Verletzung feierlicher Versprechen beinhaltete. Die Haltung der Regierung zerstörte jegliches Vertrauen, das Indien noch in den guten Glauben der englischen Herrscher hatte, und löste den großen Aufstand aus.

Der Europäische Krieg hatte die Muslime Indiens in ein sehr schmerzhaftes Dilemma gebracht. Sie waren hin- und hergerissen zwischen ihrer Pflicht als loyale Bürger des Reiches und treuen Anhängern ihres religiösen Oberhauptes. Sie erklärten sich bereit, England zu helfen, als es versprach, die Souveränität des Sultans oder des Kalifen nicht anzugreifen. Die muslimische Meinung in Indien vertrat die Auffassung, dass die Türken in der Türkei in Europa bleiben sollten und dass der Sultan nicht nur die Autorität über die heiligen Stätten des Islam behalten sollte, sondern auch über Arabien, wie es von mohammedanischen Gelehrten mit den Enklaven Mesopotamien, Syrien, und Palästina. Dies versprachen Lloyd George und der Vizekönig feierlich. Als der Krieg jedoch zu Ende war, gerieten alle Versprechen in Vergessenheit. Und als im Jahr 1919 Gerüchte über die der Türkei auferlegten Friedensbedingungen die Runde machten, wurden die Muslime in Indien unruhig, und ihre Unzufriedenheit löste schließlich die Kalifat- oder Kalifat- Bewegung aus.

Es begann am 17. Oktober 1919 (Khilafat-Tag) mit einer imposanten friedlichen Demonstration, der etwa einen Monat später (24. November) die Eröffnung einer gesamtindischen Kalifat-Konferenz in Delhi folgte. Gandhi hatte den Vorsitz. Mit seinem kurzen Blick hatte er erkannt, dass die islamische Agitation zum Instrument der indischen Einheit gemacht werden könnte. Das Problem, die verschiedenen Rassen in Indien zu vereinen, war äußerst schwierig. Die Engländer hatten immer die natürliche Feindschaft zwischen Hindus und Moslems ausgenutzt; Gandhi wirft ihnen sogar vor, es gefördert zu haben. Jedenfalls hatten sie nie versucht, die beiden Völker, die sich kindisch herausforderten, zu versöhnen. Um die Mohammedaner zu verärgern, pflegten die Hindus beispielsweise zu singen, wenn sie an den Moscheen vorbeikamen, in denen Stille herrschen sollte, während die Mohammedaner keine Gelegenheit ausließen, die Kuhanbetung der Hindus zu verspotten. Zwischen den beiden Rassen herrschte gegenseitiger Unmut und anhaltende Feindseligkeit. Sie verkehrten nie miteinander und durften weder untereinander heiraten noch gemeinsam essen. Die englische Regierung ruhte sanft auf dem Kissen des impliziten Vertrauens in die Unmöglichkeit, dass sich die beiden jemals einigen und eine gemeinsame Politik verfolgen würden. Als Gandhis Stimme daher die Identität der Hindu- und der Moslem-Sache verkündete, erwachte sie mit einem Schrecken. In einem Ausbruch von Großzügigkeit, der zufällig eine vernünftige Politik war, forderte Gandhi die Hindus auf, alles in ihrer Macht Stehende zu tun, um mohammedanische Ansprüche durchzusetzen.

> Ob Hindus, Parsen, Christen oder Juden, wenn wir als eine
> Nation leben wollen, muss das Interesse eines jeden von
> uns das Interesse aller sein. Der einzige entscheidende

Gesichtspunkt kann die Gerechtigkeit einer bestimmten Sache sein.

Bereits beim tragischen Massaker von Amritsar hatte sich mohammedanisches Blut mit dem der Hindus vermischt. Die beiden Menschen mussten nun ihr Bündnis besiegeln, ein bedingungsloses Bündnis. Die Moslems waren das fortschrittlichste und kühnste Element in Indien. Und sie waren die ersten, die auf dieser Kalifat-Konferenz ankündigten, dass sie die Zusammenarbeit mit der Regierung verweigern würden, wenn ihre Forderungen nicht erfüllt würden. Gandhi stimmte dieser Maßnahme zu, doch in seiner angeborenen Abscheu vor Extremen lehnte er es damals ab, den Boykott britischer Waren zu befürworten, da er den Boykott als Ausdruck von Schwäche oder Rachsucht betrachtete. Eine zweite Kalifat-Konferenz traf sich Ende Dezember 1919 in Amritsar und beschloss, eine Abordnung nach Europa zu schicken, um die englische Regierung und den Obersten Rat Indiens über die Haltung zu informieren. Sie stimmte auch für die Übersendung eines Ultimatums an den Vizekönig und warnte ihn vor Ärger, falls sich die Friedensbedingungen als unbefriedigend erweisen sollten. Schließlich gab eine dritte Konferenz, die im Februar 1920 in Bombay zusammentrat, ein Manifest heraus, das in seiner heftigen Kritik an der Politik Großbritanniens ein Vorbote des kommenden Sturms war.

Gandhi erkannte, dass sich der Sturm zusammenbraute, und anstatt zu versuchen, ihn hervorzurufen, tat er alles in seiner Macht Stehende, um seine Gewalt zu brechen.

Es schien, als ob auch England die Gefahr erkannte. Durch verspätete Zugeständnisse schien sie verzweifelte Anstrengungen zu unternehmen, um die Folgen ihrer früheren Haltung abzuwenden. Ein auf dem Montagu-Chelmsford-Bericht basierendes indisches Reformgesetz verschaffte den Menschen in Indien mehr Einfluss in der Zentralregierung sowie in den lokalen Verwaltungen. Der König genehmigte das Gesetz durch eine Proklamation vom 24. Dezember 1919, in der er das indische Volk und die Beamten aufforderte, in jeder Hinsicht mit der Regierung zusammenzuarbeiten, während er gleichzeitig den Vizekönig aufforderte, politische Vergehen zu begnadigen, und eine allgemeine Amnestie empfahl. Gandhi, der immer bereit war, an den guten Willen des Gegners zu glauben, interpretierte diese Maßnahmen als eine Art stillschweigendes Abkommen über einen gerechteren Umgang mit Indien und rief das Volk dazu auf, die Reformen zu begrüßen. Er gab zu, dass sie nicht ausreichten, sagte jedoch, dass sie als Ausgangspunkt für größere Siege akzeptiert werden sollten. Er forderte die Konferenz auf, ihnen vorbehaltlos zuzustimmen. Nach einer hitzigen Debatte übernahm der Nationale Indische Kongress seine Ansicht.

Doch bald wurde klar, dass Gandhis Hoffnungen auf Illusionen beruhten. Der Vizekönig folgte dem Gnadengesuch des Königs nicht und statt Gefangene freizulassen, öffneten sich die Türen der Gefängnisse nur für Hinrichtungen. Es zeigte sich, dass die versprochenen Reformen wirkungslos bleiben würden.

Darüber hinaus kam die Nachricht von den Friedensbedingungen, die der Türkei am 14. Mai 1920 auferlegt wurden. In einer Botschaft an das Volk gab der Vizekönig zu, dass sie sich als enttäuschend erweisen würden, riet den Muslimen jedoch, sich mit dem Unvermeidlichen abzufinden.

Dann erfolgte die Veröffentlichung des offiziellen Berichts über die Massaker von Amritsar. Es war der letzte Tropfen, der das Fass zum Überlaufen brachte.

Das Nationalbewusstsein Indiens wurde geweckt. Alle Verbindungen waren kaputt.

Das Kalifat-Komitee verabschiedete auf seiner Tagung am 28. Mai 1920 in Bombay eine Resolution, in der Gandhis Nichtkooperationspolitik übernommen wurde, und diese Resolution wurde am 80. Juni 1920 von der muslimischen Konferenz von Allahabad einstimmig ratifiziert.

Gandhi schrieb in der Zwischenzeit einen offenen Brief an den Vizekönig und teilte ihm mit, dass die Bewegung der Nichtkooperation beginnen würde. Er erklärte, warum er darauf zurückgriff, und seine Argumente sind es wert, studiert zu werden, denn sie beweisen, dass Gandhi schon damals hoffte, einen Bruch mit England zu vermeiden. Im Grunde seines Herzens hoffte er immer noch, dass die Regierung durch rein juristische Methoden zu einer Besserung gebracht werden könnte:

> Der einzige Weg, der mir offen steht, besteht darin, entweder in meiner Verzweiflung jede Verbindung zur britischen Herrschaft abzubrechen oder, wenn ich immer noch an die inhärente Überlegenheit der britischen Verfassung vertraue, Maßnahmen zu ergreifen, die das begangene Unrecht wiedergutmachen und so das Vertrauen wiederherstellen. Ich habe den Glauben an die Überlegenheit der britischen Verfassung nicht verloren, und weil ich daran glaube, habe ich meinen muslimischen Freunden geraten, der Regierung Eurer Exzellenz ihre Unterstützung zu entziehen, und den Hindus geraten, sich ihnen anzuschließen.

Und dieser edle Reichsbürger verschmähte den blinden Stolz des Reiches.

[1] Wie CF Andrews sagt: „Er lacht wie ein Kind und liebt Kinder."

[2] „Nur wenige können dem Charme seiner Persönlichkeit widerstehen. Seine erbittertsten Feinde werden höflich, wenn sie mit seiner schönen Höflichkeit konfrontiert werden." (Joseph J. Doke.)

[3] „Jede Abweichung von der Wahrheit, und sei sie noch so unbedeutend, ist ihm unerträglich." (CF Andrews.)

[4] „Er ist kein leidenschaftlicher Redner; seine Art ist ruhig und gelassen und er spricht besonders die Intelligenz an. Aber seine Gelassenheit rückt das Thema, das er bespricht, in das klarste Licht. Der Tonfall seiner Stimme ist nicht abwechslungsreich, aber sie ist intensiv." Aufrichtig. Er macht keine Gesten mit den Armen, er bewegt kaum einen Finger. Aber seine leuchtenden Worte, ausgedrückt in knappen, prägnanten Sätzen, vermitteln Überzeugung. Er gibt nie ein Thema auf, bevor er das Gefühl hat, es völlig klar ausgedrückt zu haben ." (Joseph J. Doke.)

[5] „Young India", 2. März 1922. Die in den Motiven dieses Bandes genannten Daten beziehen sich auf das Datum der Veröffentlichung von Gandhis Artikeln in „Young India".

[6] A , privativ, *hissa* , Böses tun. Daher *Ahimsa* , Prinzip, keiner Form des Lebens Schaden zuzufügen, Gewaltlosigkeit. Es handelt sich um eines der ältesten Gebote des Hinduismus, das von Mahavira, dem Begründer des Jainismus , von Buddha sowie von den Schülern Vishnus verkündet wurde.

[7] Er besuchte die Grundschule von Porbandar bis zu seinem siebten Lebensjahr und dann die öffentliche Schule von Rajkot bis zu seinem zehnten Lebensjahr. Danach besuchte er die High School von Katyavar , bis er im Alter von siebzehn Jahren die Universität von Ahmedabad besuchte.

[8] Er beschrieb seine Kindheit in einer Rede auf der Paria-Konferenz am 13. April 1921.

[9] Lange danach erzählte er Joseph Doke von den Qualen, die er erlitten hatte, nachdem er Fleisch gegessen hatte. Er konnte nicht schlafen; er fühlte sich wie ein Mörder.

[10] Er ist jedoch nicht für Kinderehen und führt eine Kampagne gegen sie, mit der Begründung, dass sie die Rasse schwächen. In Ausnahmefällen sagt er jedoch, dass solche Verbindungen, die besiegelt werden, bevor sich der Charakter des Einzelnen formt, zwischen Mann und Frau eine außergewöhnlich schöne Beziehung der Sympathie und Harmonie aufbauen können. Gandhis eigene Frau ist ein bewundernswertes Beispiel dafür. Frau Gandhi teilte alle Prüfungen und Widrigkeiten ihres Mannes mit unerschütterlicher Zielstrebigkeit und unbezwingbarem Mut.

[11] Rede vom 13. April 1921.

[12] Diese beiden Männer, Vorläufer, haben unter der Undankbarkeit und Vergesslichkeit der jüngeren Generationen gelitten. Ihr politisches Ideal wurde übertroffen, ihre Bemühungen, den Weg zu ebnen, wurden missbilligt. Gandhi war sich jedoch immer ihres Beitrags zur Sache bewusst und blieb ihnen treu, insbesondere gegenüber Gokhale, für den er eine tiefe und fast religiöse Zuneigung empfand. Er spricht häufig von Gokhale und Dadabhai als Männern, die das junge Indien verehren sollte. (Siehe „Hind Swaraj, Letter to the Parsecs, Young India", 23. März 1921, und The Confession of Faith, 13. Juli 1921.)

[13] Ein langer Brief von Tolstoi an Gandhi wird in der „Golden Number" von „Indian Opinion" veröffentlicht. Es wurde am 7. September 1910, kurz vor Tolstois Tod, geschrieben. Tolstoi hatte „Indian Opinion" gelesen und war erfreut, von den indischen Nicht-Widerstandskämpfern zu hören. Er lobte ihre Kampagne und sagte, dass Widerstandslosigkeit das Gesetz der Liebe sei, ein Streben, Teil der Gemeinschaft menschlicher Seelen zu sein. Es ist das Gesetz Christi und aller geistlichen Führer der Welt.

Mein Freund Paul Biroukoff fand mehrere andere Briefe von Tolstoi an Gandhi in den Tolstoi- Archiven in Moskau. Er plant, sie in einem Band mit dem Titel „ Tolstoi und der Orient" zu veröffentlichen und sie zu mehreren anderen Briefen hinzuzufügen, die Tolstoi an verschiedene große Männer des Ostens geschrieben hat.

[14] Gandhi selbst erzählt in seiner ruhigen, humorvollen Art von seinen Erlebnissen im Gefängnis in einem merkwürdigen Artikel, der im Band „Speeches and Writings of MK Gandhi", Natesan, Madras, S. 152-178, abgedruckt ist.

[15] Im Jahr 1907 wurde Gandhi Opfer der Gewalt seiner eigenen Landsleute, da seine Mäßigung von einigen Indern mit Argwohn betrachtet wurde, während die Regierung andererseits alles in ihrer Macht Stehende tat, um ihn zu kompromittieren. Gandhi litt daher sowohl unter der Gewalt der Unterdrückten als auch der Unterdrücker.

[16] Ich werde später etwas ausführlicher auf „Hind Swaraj" eingehen.

[17] Joseph J. Doke, interessant wegen seiner Interviews mit Gandhi, erzählt im letzten Kapitel seines Buches, wie Gandhi 1908 in Gefängniskleidung zum Fort von Johannesburg geführt und in eine Zelle mit chinesischem Zivilrecht geworfen wurde Kriminelle der schlimmsten Sorte.

[18] Zwei hochgesinnte Engländer, CF Andrews und WW Pearson, unterstützten Gandhis Bemühungen mit allen Mitteln, die ihnen zur Verfügung standen.

[19] Darauf verweist Gandhi in einem Artikel vom 12. Mai 1920.

[20] Kurz vor seinem Tod hatte Gokhale, Gandhis geliebter Meister, Gandhi vorgeschlagen, eine Reise durch Indien zu unternehmen und die Bedingungen aus erster Hand zu studieren, bevor er in die Politik ging. Und Gandhi hatte versprochen, ein Jahr lang nicht aktiv am politischen Leben Indiens teilzunehmen.

[21] Man kann sagen, dass die Satyagraha-Bewegung am 28. Februar 1919 begann.

[22] Gandhi erläuterte am 24. November 1921 seine Haltung gegenüber dem Bolschewismus.

[23] 11. August 1920: Gandhi protestiert gegen die Lehre vom Schwert.

[24] „Die Menschheit ist eins. Es gibt verschiedene Rassen, aber je höher eine Rasse, desto größer sind ihre Pflichten." („Ethische Religion")

[25] 5. November 1919.

[26] 27. Oktober 1920.

[27] 6. Oktober 1921.

[28] Alle Religionen sind wie verschiedene Wege, die zum gleichen Ziel führen. („Hind Swaraj.") „Alle Religionen basieren auf den gleichen moralischen Gesetzen. Meine ethische Religion besteht aus Gesetzen, die Menschen auf der ganzen Welt binden." („Ethische Religion.")

[29] 6. Oktober 1921.

[30] Etymologisch: *varna* , Farbe, Klasse oder Kaste; *Ashrama* , Ort der Disziplin; *Dharma* , Religion. Gesellschaft steht mit anderen Worten für „Kastendisziplin".

[31] 25. Februar 1920. In einer zweiten Zeile fügt Gandhi hinzu: „Ruskin und Tolstoi ."

[32] „Sucht das Reich Gottes und seine Gerechtigkeit, und all diese Dinge werden euch hinzugefügt werden."

[33] „Young India", 25. Februar 1920.

[34] Er sagt zu Joseph J. Doke im Jahr 1908, dass Gott im Laufe der Jahrhunderte in verschiedenen Formen Fleisch geworden sei, weil Krishna, wie in der Gitâ erklärt , sagt: „Wenn die Religion in den Niedergang gerät und der Unglaube siegt, manifestiere ich mich." Um alles Gute zu schützen und alles Böse zu zerstören, um den Dharma zu etablieren, muss ich für immer und ewig geboren und wiedergeboren werden." Der Christentum ist Teil von Gandhis Theologie. Christus ist eine strahlende Offenbarung

Gottes. Aber nicht die einzige Offenbarung. Er sitzt nicht allein auf dem Thron.

[35] Der „Hind Swaraj" enthält eine Liste von etwa sechzig Werken Tolstois , die Gandhi seinen Anhängern empfiehlt, darunter „Das Königreich Gottes liegt in dir, was ist Kunst?" und „Was sollen wir tun?" Er erzählt Joseph Doke, dass Tolstoi ihn stark beeinflusst habe, dass er jedoch nicht mit Tolstois politischen Idealen einverstanden sei. Auf eine Frage, die ihm 1921 nach seinen Gefühlen und seiner Meinung zu Graf Tolstoi gestellt wurde, antwortet Gandhi (in „Young India" vom 25. Oktober 1921): „Mein Verhältnis zu ihm war das eines hingebungsvollen Bewunderers, der ihm im Leben viel zu verdanken hat." ."

[36] Besonders gut gefiel ihm Ruskins „Krone der wilden Oliven".

[37] „Apologia and Death of Socrates", übersetzt von Gandhi, war eines der Bücher, die 1919 von der indischen Regierung beschlagnahmt wurden.

[38] Bezüglich der Kuhanbetung siehe „Young India", 16. März, 8. Juni, 29. Juni, 4. August 1920 und 18. Mai, 6. Oktober 1921. Bezüglich Kasten siehe Artikel vom 8. Dezember 1920 und 6. Oktober 1921.

[39] Dies steht im Einklang mit den Upanishaden, denn als sich die primitiven Klassen im Laufe der Jahrhunderte zu stolzen Kasten verhärteten, drücken diese hinduistischen Schriften Protest und Missbilligung aus.

[40] Ein von Gandhi häufig verwendeter Begriff. „Unberührbarkeit ist eine Erfindung Satans." (19. Juni 1921.)

[41] 8. September 1920.

[42] Es sollte nicht vergessen werden, dass eines von Gandhis Hauptargumenten gegen die medizinische Wissenschaft Europas der Einsatz der Vivisektion ist, die er als „das schwärzeste Verbrechen des Menschen" bezeichnet.

[43] Insbesondere im Hinblick auf sexuelle Beziehungen. Gandhis Lehre ähnelt in ihrer Strenge der des heiligen Paulus.

[44] „Hind Swaraj."

[45] Obwohl Gandhi die europäische Wissenschaft nicht gutheißt, ist er sich der Notwendigkeit wissenschaftlicher Errungenschaften bewusst. Er bewundert den uneigennützigen Eifer und den Geist der Selbstaufopferung europäischer Wissenschaftler und bezeichnet ihre Verleugnung häufig als größer als die der hinduistischen Gläubigen. Aber er missbilligt das Ziel, das sie verfolgen, obwohl er ihren Geisteszustand bewundert. Es besteht ein offensichtlicher Gegensatz zwischen Gandhi und der europäischen

Wissenschaft. Und in diesem Zusammenhang werden wir später sehen, wie Tagore gegen Gandhis Mittelalterlichkeit protestiert.

[46] 19. Januar 1921.

[47] 9. März 1920.

[48] 11. August 1920.

[49] Etymologie: *Swa* , selbst; *Raj* , Regierung, Autonomie. Das Wort ist so alt wie die Veden, wurde aber von Dadabhai , Gandhis Parsenmeister, übernommen und in den politischen Wortschatz aufgenommen.

[50] Etymologie: *Satya* , genau richtig; *Agraha* , Versuch, Anstrengung. Daher *Satyagraha* , eine gerechte Anstrengung im Sinne der Nichtakzeptanz oder des Widerstands gegen Ungerechtigkeit. Gandhi definiert es am 5. November 1919 als „Festhalten an der Wahrheit, also an der Wahrheitskraft". Und er fügt hinzu: „Ich habe es auch als Liebeskraft oder Seelenkraft definiert."

[51] 11. August 1920.

[52] 20. Oktober 1921.

[53] 4. August 1920.

[54] 11. August 1920. Eine der Regeln des *Satayagraha Ashram* , der von Gandhi gegründeten Schule, ist „Abwesenheit von Angst". Der Geist muss von der Angst vor Königen, Nationen, Kasten, Familien, Menschen, wilden Tieren und dem Tod befreit werden. Es ist auch die vierte Bedingung des gewaltlosen Widerstands im Hindra . Die anderen sind Keuschheit, Armut und Wahrheit.

[55] 16. Juni 1920.

[56] 11. August 1920.

[57] 6. April 1921.

[58] Einige Monate vor seiner Inhaftierung antwortet Gandhi auf die Kritik, sein Verhalten sei „unlogisch". Seine Kritiker verspotten die Hilfe, die er England in Südafrika und während des Weltkriegs geleistet hat. Gandhi versucht in seiner Antwort nicht, dem Thema auszuweichen. Er habe ehrlich geglaubt, sagt er, dass er ein Bürger des Reiches sei; Es war nicht seine Aufgabe, über die Regierung zu urteilen. Er würde es für falsch halten, wenn sich jeder für berechtigt hielte, die Regierung zu kritisieren. Er vertraute so lange wie möglich auf die Weisheit und Loyalität Englands. Die Verirrung der Regierung hat sein Vertrauen in sie zerstört. Lassen Sie die Regierung die Konsequenzen tragen! (17. November 1921.)

[59] 6. April 1921.

[60] Im Gegenteil: Gewalt erniedrigt denjenigen, der sie ausnutzt. Durch die Gewalt der Alliierten ähnelten sie den Deutschen, deren Taten sie zu Beginn des Krieges heimsuchten. (9. Juni 1920.)

[61] Die härteste Faser muss im Feuer der Liebe schmelzen. Wenn es nicht schmilzt, liegt das daran, dass das Feuer nicht stark genug ist. (9. März 1920.) Diejenigen, die sich der *Satyagraha*- Bewegung anschlossen, mussten versprechen, die vom *Satyagraha* -Komitee als ungerecht erklärten Gesetze nicht zu befolgen, dem Weg der Wahrheit zu folgen und sich jeglicher Gewalt gegen Leben, Personen oder Eigentum zu enthalten ihrer Gegner.

[62] 23. März 1919.

[63] Dieses Hindustani-Wort mohammedanischen Ursprungs bedeutet Beendigung der Arbeit.

[64] Delhi machte übrigens einen Fehler beim Datum des *Hartal* und feierte es am 30. März.

[65] 7. April 1920.

[66] Gandhi suspendierte die Bewegung am 18. April, um die Aufregung zu beruhigen, anstatt zu versuchen, sie auszunutzen, wie es ein gewöhnlicher Revolutionsführer getan hätte.

ZWEITER TEIL

§ 1

Am 28. Juli 1920 kündigte Gandhi an, dass am 1. August die Nichtkooperation verkündet werde, und ordnete als vorbereitende Maßnahme an, dass am Vortag ein Fasten- und Gebetstag abgehalten werden sollte. Er hatte keine Angst vor der Wut der Regierung, aber er fürchtete die Wut der Bevölkerung, und er setzte alles daran, dass in den Reihen der Indianer Ordnung und Disziplin herrschten. Er definierte:

> Eine wirksame Nichtkooperation hängt von einer vollständigen Organisation ab. Unordnung entsteht aus Wut. Es darf keine Gewalt geben. Gewalt bedeutet in unserem Fall Rückschritt und nutzlose Verschwendung unschuldiger Leben. Vor allem aber muss absolute Ordnung herrschen.

Die Taktiken der Nichtkooperation waren zwei Monate zuvor von Gandhi und dem Ausschuss für Nichtkooperation festgelegt worden und umfassten die folgenden Maßnahmen:

(1) Verzicht auf alle Ehrentitel und Ehrenämter.

(2) Nichtbeteiligung an Staatskrediten.

(3) Aussetzung der Anwaltstätigkeit durch Rechtsanwälte und Beilegung gerichtlicher Streitigkeiten durch privates Schiedsverfahren.

(4) Boykott staatlicher Schulen durch Kinder und Eltern.

(5) Boykott der reformierten Räte.

(6) Nichtteilnahme an Regierungsparteien und anderen offiziellen Funktionen.

(7) Weigerung, einen zivilen oder militärischen Posten anzunehmen.

(8) Vereinbarungen zur Verbreitung der Swadeshi-Lehre. [67]

Mit anderen Worten: Der negative Teil des Programms sollte durch konstruktive Maßnahmen ergänzt werden, die zum Aufbau des neuen Indien der Zukunft führen würden.

Dieses Programm legte die ersten Schritte fest, die unternommen werden mussten, und wir müssen den umsichtigen Scharfsinn des Führers bewundern, der, nachdem er die gewaltige Maschinerie der hinduistischen Revolte angekurbelt hat, sie sozusagen kurz stoppt und sie zunächst pulsierend zurückhält wiederum eine Methode, die in erschreckendem

Gegensatz zu der unserer europäischen Revolutionäre steht. Gandhi plant vorerst keinen zivilen Ungehorsam. Er kennt den zivilen Ungehorsam. Er hat es bei Thoreau studiert, den er in seinen Artikeln zitiert, und er gibt sich Mühe, den Unterschied zwischen ihm und Nichtkooperation zu erklären . Ziviler Ungehorsam sei mehr als eine bloße Weigerung, sich an das Gesetz zu halten, sagt er. Es bedeutet bewusste Opposition gegen das Gesetz; Es ist ein Verstoß gegen das Gesetz und kann nur von einer Elite durchgeführt werden, während Nichtkooperation eine Massenbewegung sein sollte. Gandhi will die Massen in Indien auf zivilen Ungehorsam vorbereiten, aber sie müssen in einem schrittweisen Prozess dafür geschult werden. Er weiß, dass die Menschen derzeit nicht reif dafür sind, und er möchte sie nicht loslassen, bevor er nicht sicher ist, dass sie die Kunst der Selbstbeherrschung beherrschen. Also startet er die Nichtkooperation . Die Nichtkooperation umfasst in dieser ersten Phase nicht die Weigerung, Steuern zu zahlen. Gandhi wartet ab.

Am 1. August 1920 gibt Gandhi mit seinem berühmten Brief an den Vizekönig das Signal für die Bewegung und verzichtet auf seine Auszeichnungen und Ehrentitel:

> Nicht ohne Schmerzen gebe ich die Kaisar - i -Hind-Goldmedaille zurück, die mir Ihr Vorgänger für meine humanitäre Arbeit in Südafrika verliehen hat, und die Zulu-Kriegsmedaille, die mir in Südafrika für meine Dienste als verantwortlicher Offizier der Indianer verliehen wurde Volunteer Ambulance Corps im Jahr 1906 und die Burenkriegsmedaille für meine Dienste als stellvertretender Superintendent des Indian Volunteer Stretcher-Bearer Corps während des Burenkrieges von 1899–1900.

Aber er fügt hinzu, nachdem er sich auf die Szenen im Punjab und die Ereignisse hinter der Kalifat-Bewegung bezog:

> Ich kann weder Respekt noch Zuneigung für eine Regierung empfinden , die sich von Unrecht zu Unrecht bewegt, um ihre Unmoral zu verteidigen ... Die Regierung muss zur Reue bewegt werden.

> Nichtkooperation vorzuschlagen , die denjenigen, die sich von der Regierung distanzieren wollen, die Möglichkeit gibt, sich von der Regierung zu distanzieren, und die, wenn sie nicht von Gewalt begleitet wird, die Regierung dazu zwingen muss, ihre Schritte rückgängig zu machen und ihr Unrecht wieder gutzumachen.

Und Gandhi bringt seine Hoffnung zum Ausdruck, dass der Vizekönig seinen Weg finden wird, Gerechtigkeit zu üben, und dass er eine Konferenz der anerkannten Führer des Volkes einberufen und sich mit ihnen beraten wird.

Gandhis Beispiel wurde sofort befolgt. Hunderte von Richtern reichten ihre Rücktritte ein, Tausende von Studenten verließen die Colleges, die Gerichte wurden aufgegeben, die Schulen wurden geleert. Der All-India Congress, der Anfang September in Kalkutta zu einer Sondersitzung zusammentrat, stimmte Gandhis Entscheidungen mit überwältigender Mehrheit zu. Gandhi und seine Freundin Maulana Shaukat Ali bereisten das Land und stießen überall auf große Ovationen.

Nie hat sich Gandhi als größerer Anführer erwiesen als im ersten Jahr seines Wirkens. Er musste die schwelende Gewalt zurückhalten, bereit, bei der geringsten Provokation in Flammen aufzugehen. Gandhi fürchtet und verabscheut Mob-Gewalt mehr als alles andere. Er hält „Mobokratie" für die größte Gefahr, die Indien bedroht. Er hasst Krieg, hätte ihn aber lieber als die wahnsinnige Gewalt von *Caliban*. „Wenn Indien seine Freiheit durch Gewalt erreichen muss, dann durch disziplinierte Gewalt, die man Krieg nennt", und nicht durch Mob-Revolten. Gandhi blickt mit Missfallen auf alle Demonstrationen und Massenversammlungen, sogar zur Feier eines freudigen Ereignisses, denn aus einer großen Menschenmenge voller Lärm und Verwirrung kann ohne ersichtlichen Grund rasende Gewalt ausbrechen. Und er besteht auf der Notwendigkeit, strenge Disziplin einzuhalten. „Wir müssen Ordnung aus dem Chaos schaffen", sagt er, „Volksgesetz statt Mob-Gesetz einführen." Und der Mystiker mit den klaren, festen Augen, dessen gesunder praktischer Sinn dem der großen europäischen Mystiker gleichkommt, die religiöse Orden gründeten und die Seelen der Menschen beherrschten, gibt präzise, detaillierte Regeln, wie die Fluten von Volksversammlungen und Demonstrationen zu kanalisieren sind.

„Ein großer Stolperstein", sagt er über die Organisation von Massenversammlungen, „ist, dass wir die Musik vernachlässigt haben. Musik bedeutet Rhythmus, Ordnung. Leider war Musik in Indien das Vorrecht einiger weniger. Das ist so." niemals verstaatlicht werden... Ich würde es zur Pflicht machen, in Begleitung nationaler Lieder richtig zu singen. Und zu diesem Zweck würde ich großartige Musiker haben, die jeden Kongress oder jede Konferenz besuchen und Massenmusik unterrichten. Nichts ist so einfach, wie Mobs auszubilden, aus dem einfachen Grund, weil sie keinen Verstand und keine Meditation haben."

Gandhi erstellt eine Liste mit Vorschlägen. Es sollten keine einfachen Freiwilligen akzeptiert werden, um bei der Organisation der großen Demonstrationen mitzuhelfen. An der Spitze sollten nur die Erfahrensten stehen. Freiwillige sollten immer ein allgemeines Lehrbuch bei sich haben. Sie sollten in der Menge verteilt sein und das Signalisieren von Flaggen und Pfeifen erlernen, um Anweisungen zu erteilen. Nationale Aufforderungen sollten im richtigen Moment beantwortet und erhoben werden. Es soll verhindert werden, dass Menschenmassen die Bahnhöfe betreten; Man sollte ihnen beibringen, Abstand zu halten und den Menschen und Kutschen einen freien Durchgang auf der Straße zu lassen. Kleine Kinder sollten niemals in die Menschenmenge usw. gebracht werden.

Mit anderen Worten: Gandhi macht sich selbst zum Orchesterleiter seiner Menschenmeere. [68]

§ 2

Aber während der Mob unbewusst, blind und von einem plötzlichen, unvernünftigen Impuls in Gewalt ausbrechen kann, gibt es eine politische Fraktion, die bewusst und bewusst Gewalt befürwortet. Viele der besten Männer Indiens glauben, dass die nationale Unabhängigkeit nur mit gewaltsamen Methoden erreicht werden kann. Diese Fraktion versteht Gandhis Doktrin nicht und glaubt nicht an ihre politische Wirksamkeit. Es erfordert Handeln, direktes Handeln. Gandhi erhält anonyme Briefe, in denen er aufgefordert wird, sich nicht mehr für Gewaltlosigkeit einzusetzen, und, was noch schlimmer ist, andere, die zynisch andeuten, dass seine Doktrin der Gewaltlosigkeit nur eine Maske sei und dass es jetzt an der Zeit sei, sie beiseite zu werfen und das Signal zum Kampf zu geben. Gandhi antwortet vehement. Er diskutiert die Argumente leidenschaftlich. [69] In einer Reihe schöner Artikel tadelt er die „Lehre vom Schwert". Er bestreitet, dass die hinduistischen Schriften und der Koran Gewalt gutheißen. Gewalt gehört nicht zur Lehre einer Religion. Jesus ist der Fürst des passiven Widerstands. Die Bhagavad Gîtâ predigt nicht Gewalt, sondern Pflichterfüllung auch auf Kosten des Lebens. [70] Da dem Menschen nicht die Macht gegeben wurde, etwas zu erschaffen, hat er auch nicht das Recht, das kleinste Lebewesen zu zerstören. Es darf keinen Hass gegen irgendjemanden geben, nicht einmal gegen den Übeltäter; aber das bedeutet nicht, dass man das Böse dulden sollte. Gandhi würde General Dyer pflegen, wenn er krank wäre, aber wenn sein eigener Sohn ein Leben in Schande führen würde, würde er ihm nicht helfen, indem er ihn weiterhin unterstützte. Im Gegenteil: „Meine Liebe zu ihm würde erfordern, dass ich ihm jegliche Unterstützung entziehe, obwohl dies sogar seinen Tod bedeuten könnte." Niemand hat das Recht, einen anderen mit physischer Gewalt dazu zu zwingen, gut zu werden. „Aber man ist verpflichtet, sich ihm zu widersetzen, indem man ihn verlässt, ganz gleich, was geschieht, und indem man ihn in seinem Schoß willkommen heißt, wenn er Buße tut." [71]

Während Gandhi die gewalttätigen Elemente eindämmt, regt er das Zögern an. Er beruhigt diejenigen, die Angst vor einem entscheidenden Schritt haben:

> Noch nie wurde auf dieser Erde etwas ohne direktes Handeln getan. Ich habe das Wort „passiver Widerstand" wegen seiner Unzulänglichkeit abgelehnt ... Es war jedoch die direkte Aktion in Südafrika, die etwas sagte, und zwar so wirkungsvoll, dass es General Smuts zur Vernunft brachte. Was war die größere „Symbiose", die Buddha und Christus predigten? Sanftmut und Liebe. Buddha trug den Krieg furchtlos in das Lager des Feindes und stürzte eine arrogante Priesterschaft in die Knie. Christus vertrieb die Geldwechsler aus dem Tempel von Jerusalem und verfluchte die Heuchler und Pharisäer vom Himmel. Beide waren für äußerst direkte Aktionen. Aber selbst als Buddha und Christus züchtigten, zeigten sie hinter jeder ihrer Taten unverkennbare Sanftmut und Liebe. [72]

Gandhi appelliert auch an die Großzügigkeit und den gesunden Menschenverstand der Engländer. [73] Er nennt die Engländer seine „lieben Freunde" und weist darauf hin, dass er seit mehr als dreißig Jahren ihr treuer Begleiter sei. Er bittet sie, die Treulosigkeit der Regierung wiedergutzumachen, die durch ihren Verrat seinen Glauben an ihre guten Absichten völlig zerstört hat. Aber er glaubt immer noch an die Tapferkeit der Engländer und an den Respekt der Engländer vor der Tapferkeit anderer Menschen. „Tapferkeit auf dem Schlachtfeld ist für Indien unmöglich, aber die Tapferkeit der Seele bleibt uns offen. Nichtkooperation bedeutet nichts weniger als die Schulung in Selbstaufopferung. Ich erwarte, Sie durch mein Leiden zu besiegen."

In den ersten vier oder fünf Monaten des Vorwahlkampfs versuchte Gandhi nicht, die Regierung durch mangelnde Kooperation zu lähmen ; Seine Idee bestand vielmehr darin, den Grundstein für den Aufbau eines neuen Indien zu legen, das geistig, moralisch und wirtschaftlich unabhängig sein würde. Gandhi drückt die Idee der wirtschaftlichen Unabhängigkeit Indiens mit dem Begriff *Swadeshi aus* , und er nimmt das Wort im engeren und physischen Sinne.

Indien muss lernen, auf viele Annehmlichkeiten zu verzichten und Widrigkeiten ohne Murren hinzunehmen. Das ist eine heilsame Disziplin; notwendige moralische Hygiene. Sowohl die Gesundheit als auch der Charakter der Nation werden davon profitieren. Gandhis erster Schritt besteht darin, Indien vom Fluch des Alkoholkonsums zu befreien. Es müssen Gruppen gebildet werden, die sich für Mäßigkeit einsetzen.

Europäische Weine müssen boykottiert werden; Spirituosenhändler müssen dazu veranlasst werden, ihre Lizenzen abzugeben. [74] Ganz Indien reagierte auf den Aufruf des Mahatma. Eine so starke Welle der Mäßigung erfasste Indien, dass Gandhi eingreifen musste, um zu verhindern, dass die Massen die Weinläden plünderten, plünderten und gewaltsam schlossen. „Man darf nicht versuchen, einen anderen mit physischer Gewalt dazu zu zwingen, gut zu werden", erklärte er den Massen.

Aber wenn es relativ einfach war, Indien vom Fluch des Alkoholkonsums zu befreien, war es viel schwieriger, es mit Mitteln zum Lebensunterhalt zu versorgen. Wovon würde Indien leben, wenn die Zusammenarbeit mit England aufhören würde? Was würde sie anziehen, wenn europäische Produkte tabu wären? Gandhis Lösung ist von größter Einfachheit und offenbart die mittelalterliche Geisteshaltung: Er unternimmt es, die alte indische Industrie der Heimspinnerei wiederherzustellen und die Spinnräder einzuführen.

Diese patriarchale Lösung des sozialen Problems stößt natürlich auf Spott. [75] Aber die Bedingungen in Indien und Gandhis Interpretation des Begriffs *Charka* müssen berücksichtigt werden. Gandhi hat nie behauptet, dass das Spinnen allein eine Lebensgrundlage darstellen würde, außer für die ganz Armen; Er behauptet jedoch, dass es die Landwirtschaft in den Monaten, in denen die Arbeit auf den Feldern stillsteht, ergänzen könnte. Indiens Problem ist nicht theoretisch, sondern real und drängend. Achtzig Prozent der Bevölkerung Indiens leben in der Landwirtschaft und sind daher praktisch vier Monate im Jahr arbeitslos. Normalerweise ist ein Zehntel der Bevölkerung einer Hungersnot ausgesetzt. Die Mittelschicht ist unterernährt. Was hat England getan, um diese Bedingungen zu beheben? Nichts. Im Gegenteil, sie hat sie verschlimmert, denn englische Manufakturen haben die lokale Industrie ruiniert, die Ressourcen Indiens aufgepumpt und dem Land mehr als sechzig Millionen Rupien pro Jahr gekostet. Indien, das seinen gesamten Bedarf an Baumwolle anbaut, ist gezwungen, Millionen von Ballen nach Japan und Lancashire zu exportieren, von wo es ihm in Form von hergestelltem Kattun zurückgegeben wird, das es zu exorbitanten Preisen kaufen muss. Das erste, was Indien tun muss, ist daher zu lernen, auf ruinöse ausländische Güter zu verzichten, und um dies zu erreichen, muss es eigene Werkstätten organisieren, um seinem Volk Arbeit und Nahrung zu bieten. Es gibt keine Zeit zu verlieren. Nun lässt sich nichts schneller und wirtschaftlicher organisieren als die Spinnerei und Weberei zu Hause. Dabei geht es nicht darum, gut bezahlte Landarbeiter dazu zu bewegen, ihre Arbeit aufzugeben und zu spinnen, sondern darum, die Arbeitslosen und alle, die nicht arbeiten müssen, um ihren Lebensunterhalt zu verdienen, wie Frauen und Kinder, sowie alle Hindus, die arbeiten, zu drängen Vielleicht haben Sie tagsüber etwas Zeit, um in Ihrer Freizeit zu drehen. Gandhi ordnet daher an,

(1) ausländische Waren zu boykottieren, (2) das Spinnen und Weben zu lehren und (3) nur handgewebte Stoffe zu kaufen.

Gandhi gibt sich dieser Idee unermüdlich hin. Er sagt, das Spinnen sei eine Pflicht für ganz Indien. [76] Er möchte, dass arme Kinder ihre Schulgebühren durch eine bestimmte Anzahl von Spinnstunden bezahlen; Er möchte , dass jeder , Mann und Frau, mindestens eine Stunde am Tag als Wohltätigkeitsarbeit für die Spinnerei beiträgt. Er gibt die genauesten Anweisungen zur Wahl der Baumwolle, der Spinnräder usw. und gibt Auskunft über alle möglichen technischen Einzelheiten des Spinnens und Webens; Er gibt praktische Ratschläge für diejenigen, die handgewebte Stoffe kaufen möchten, für Väter großer Familien sowie für Schüler in den Schulen. Er erklärt zum Beispiel, wie man mit nur wenig Kapital einen *Swadeshi*- Laden eröffnen kann – einen Laden, der mit Produkten der Hindu-Industrie handelt – und zehn Prozent Gewinn macht usw. Er wird lyrisch, wenn er die „Musik der Spinnerei" beschreibt. „Rad", [77] die älteste Musik Indiens, die Kahir , den Dichter-Weber, und Aureng -Zeb, den großen Kaiser, der seine eigenen Mützen webte, begeisterte.

Gandhi konnte die Begeisterung der Öffentlichkeit wecken. Die großen Damen von Bombay begannen mit dem Spinnen. Hinduistische und muslimische Frauen einigten sich darauf, nur nationale Kleidung zu tragen, was zur Mode wurde. Auch Tagore lobte dieses *Khaddar* oder *Khadi* , wie das handgewebte Tuch genannt wurde, das seiner Meinung nach von ausgezeichnetem Geschmack sei. Die Bestellungen gingen ein. Einige kamen sogar aus Aden und Belutschistan.

Aber die Schüler von *Swadeshi* gingen ein wenig zu weit, als sie begannen, ausländische Materialien zu boykottieren, und sogar Gandhi, der normalerweise gesund und ausgeglichen war, ließ sich dazu hinreißen. Im August 1921 ordnete er die Müllentsorgung aller ausländischen Waren in Bombay an, und wie zu Zeiten von Savonarola in Florenz, *Christo Regnante* , wurden prächtige Familienerbstücke, unschätzbare Gegenstände und Materialien zu riesigen Haufen aufgetürmt und von den Flammen verschlungen inmitten von lautem Jubel und Begeisterung. In diesem Zusammenhang schrieb einer der aufgeschlossensten Engländer Indiens, CF Andrews, ein großer Freund von Rabindranath Tagore, einen Brief an Gandhi. Während er seine große Bewunderung für den Mahatma zum Ausdruck brachte, bedauerte er, dass solche wertvollen Materialien hätten verbrannt werden sollen, anstatt sie den Armen zu geben. Er fügte hinzu, dass er glaubte, dass der Prozess der Zerstörung die schlimmsten Instinkte der Massen hervorrufe, und er protestierte gegen die Ausbrüche eines Nationalismus, der die Zerstörung praktisch zu einem religiösen Dogma machte. Er konnte sich des Gefühls nicht erwehren, dass es Sünde sei, die Früchte menschlicher Arbeit zu vernichten. Andrews hatte Gandhis

Kampagne gebilligt und sogar begonnen, *Khaddar zu tragen* , aber jetzt fragte er sich, ob es richtig war, dies weiterhin zu tun. Das brennende Tuch in Bombay hatte seinen Glauben an den Mahatma erschüttert.

Als Gandhi Andrews' Brief in „Young India" veröffentlichte, sagte er, dass er nichts bereue. Er hegt keinerlei Groll gegenüber irgendeiner Rasse und verlangt auch nicht die Zerstörung aller *fremden* Güter. Er will lediglich die Güter zerstören, die Indien schaden. Millionen Inder wurden durch englische Fabriken ruiniert, die, indem sie Indien die Arbeit wegnahmen, Tausende und Abertausende Inder zu Parias und Söldnern und ihre Frauen zu Prostituierten gemacht haben. Indien neigt bereits dazu, seine britischen Herrscher zu hassen. Gandhi möchte diesen Hass nicht verstärken. Im Gegenteil, er will es ablenken, von den Menschen auf die Dinge lenken . Die Inder, die die Materialien gekauft haben, sind ebenso schuldig wie die Briten, die sie verkauft haben. Die Materialien wurden nicht als Ausdruck des Hasses auf England verbrannt, sondern als Zeichen der Entschlossenheit Indiens, mit der Vergangenheit zu brechen. Es war ein notwendiger chirurgischer Eingriff. Und es wäre falsch gewesen, diese „giftigen" Materialien den Armen zu geben, denn auch die Armen haben ein Gefühl der Ehre.

§ 3

Indiens Wirtschaftsleben muss zunächst von der Fremdherrschaft befreit werden. Aber der nächste Schritt besteht darin, den Geist zu befreien und einen echten, unabhängigen indischen Geist zu schaffen. Gandhi möchte, dass sein Volk das Joch der europäischen Kultur abschüttelt, und eine seiner stolzesten Errungenschaften ist die Schaffung des Grundsteins für eine wahrhaft indische Bildung.

Unter englischer Herrschaft schlummerte in verschiedenen Colleges und Universitäten die schwelende Glut der asiatischen Kultur. Aligarh blieb mehr als 45 Jahre lang eine hindu-muslimische Universität, ein Zentrum der islamischen Kultur in Indien. Das Khalsa College war das Zentrum der Sikh-Kultur, während die Hindus die Universität von Benares hatten. Aber diese mehr oder weniger veralteten Institutionen waren von der Regierung abhängig, die sie subventionierte , und Gandhi sehnte sich danach, sie durch reinere Herde asiatischer Kultur ersetzt zu sehen. Im November 1920 gründete er die nationale Universität Gujarat in Ahmedabad. Sein Ideal war das eines vereinten Indiens. Der *Dharma* der Hindus und der Islam der Mohammedaner waren seine beiden religiösen Säulen. Sein Ziel war es, die Dialekte Indiens zu bewahren und sie als Quellen der nationalen Erneuerung zu nutzen. [78] Gandhi war zu Recht der Ansicht, dass ein „systematisches Studium der asiatischen Kultur nicht weniger wichtig ist als das Studium der westlichen Wissenschaften". Die riesigen Schätze des Sanskrit und des Arabischen, des Persischen, des Pali und des Magadhi müssen durchsucht werden, um herauszufinden, was darin steckt liegt die Quelle der Stärke für die Nation. Das Ideal besteht nicht nur darin, sich von den alten Kulturen zu ernähren oder sie zu wiederholen, sondern eine neue Kultur aufzubauen, die auf den Traditionen der Vergangenheit basiert und durch die Erfahrungen späterer Zeiten bereichert wird. Das Ideal ist eine Synthese der verschiedenen Kulturen, die in Indien leben müssen, die das indische Leben beeinflusst haben und die wiederum selbst vom Geist des Bodens beeinflusst wurden. Diese Synthese wird natürlich vom Swadeshi-Typ sein, wo *jede* Kultur wird ihr legitimer Platz gesichert, und nicht nach dem amerikanischen Muster, wo eine vorherrschende Kultur den Rest absorbiert und wo das Ziel nicht auf Harmonie, sondern auf einer künstlichen und erzwungenen Einheit liegt." Alle indischen Religionen sollten gelehrt werden. Die Hindus sollten Gelegenheit haben, den Koran zu studieren, die Muslime die Shastras. Die nationale Universität schließt nichts aus außer einem Geist der Ausgrenzung. Sie glaubt, dass es in der Menschheit nichts „Unantastbares" gibt. Hindustani ist obligatorisch, da es sich um die nationale Mischung aus Sanskrit, Hindi und persianisiertem Urdu handelt. [79] Der Geist der Unabhängigkeit sollte nicht nur durch die Studienmethoden, sondern auch durch eine sorgfältige Berufsausbildung gefördert werden.

Gandhi hofft, nach und nach höhere Schulen zu gründen, die die Verbreitung von Bildung in den Städten verbreiten und sie „zu den Massen herunterfiltern, so dass ... schon bald die selbstmörderische Kluft zwischen Gebildeten und Ungebildeten überbrückt wird." Und das hat zur Folge Indem wir den vornehmen Leuten eine industrielle Ausbildung und den industriellen Klassen eine literarische Ausbildung geben, wird die ungleiche Verteilung des Reichtums und die soziale Unzufriedenheit erheblich eingedämmt.

Im Gegensatz zu europäischen Bildungsmethoden, die manuelle Fähigkeiten vernachlässigen und nur das Gehirn entwickeln, möchte Gandhi, dass manuelle Arbeit Teil des Lehrplans aller Schulen ist , von den untersten Klassen aufwärts. Er glaubt, dass es für Kinder hervorragend wäre, wenn sie ihre Studiengebühren durch ein gewisses Maß an Spinning bezahlen würden. Auf diese Weise würden sie lernen, ihren Lebensunterhalt zu verdienen und unabhängig zu werden. Was die Erziehung des Herzens betrifft, die in Europa völlig vernachlässigt wird, so hätte Gandhi von Anfang an Wert darauf gelegt. Doch bevor die Schüler richtig ausgebildet werden können, müssen die richtigen Lehrer bereitgestellt werden.

Das Ziel der höheren Institutionen, die Gandhi offenbar als Grundpfeiler der neuen Bildung betrachtet, besteht in der Ausbildung von Lehrern. Diese Institutionen werden mehr als nur Schulen oder Hochschulen sein; man könnte sie eher Klöster nennen, in denen das heilige Feuer Indiens konzentriert wird, um es anschließend in die ganze Welt auszustrahlen, so wie früher große religiöse Pioniere von den Benediktinerklöstern im Westen ausstrahlten und Seelen und Gebiete eroberten.

Die Regeln, die Gandhi für die Schule des Satyagrah Ashram [80] oder den Ort der Disziplin in Ahmedabad, seiner Modellinstitution, vorschreibt , *betreffen die* Lehrer mehr als die Schüler und binden erstere durch klösterliche Gelübde. Während diese Gelübde in gewöhnlichen Orden einen rein negativen Charakter haben, strahlen sie hier einen aktiven Opfergeist und die reine Liebe aus, die die Heiligen inspiriert. Die Lehrer sind an folgende Gelübde gebunden:

1. Das Gelübde der Wahrheit. Es reicht nicht aus, nicht auf die Unwahrheit zurückzugreifen. Es darf keine Täuschung praktiziert werden , auch nicht zum Wohle des Landes. Die Wahrheit kann den Widerstand von Eltern und Ältesten erfordern.

2. Das Gelübde von *Ahimsa* (Nichttöten). Es reicht nicht aus, keinem Lebewesen das Leben zu nehmen. Man darf nicht einmal diejenigen verletzen, die man für ungerecht hält; er darf ihnen nicht böse sein , er muss sie lieben. Widersetzen Sie sich der Tyrannei, aber verletzen Sie niemals den Tyrannen. Erobere ihn durch Liebe. Er muss bis zur Todesstrafe bestraft werden, wenn er seinem Willen nicht gehorcht.

3. Das Gelübde des Zölibats. Ohne sie sind die beiden oben genannten kaum zu beobachten. Es reicht nicht aus, eine Frau nicht mit einem lüsternen Blick zu betrachten. Tierische Leidenschaften müssen kontrolliert werden, damit sie nicht einmal in Gedanken bewegt werden. Wenn ein Mann verheiratet ist, wird er seine Frau als lebenslange Freundin betrachten und mit ihr eine Beziehung vollkommener Reinheit aufbauen.

4. Die Kontrolle des Gaumens. Regulieren und entschlacken Sie die Ernährung. Vermeiden Sie Nahrungsmittel, die die Leidenschaften der Tiere anregen oder aus anderen Gründen unnötig sind.

5. Das Gelübde, nicht zu stehlen. Es reicht nicht aus, nicht das zu stehlen, was gemeinhin als Eigentum anderer Männer gilt. Wenn wir Artikel verwenden, die wir nicht wirklich benötigen, handelt es sich um Diebstahl. Die Natur liefert uns von Tag zu Tag gerade genug und nicht mehr für unseren täglichen Bedarf.

6. Das Gelübde des Nichtbesitzes. Es reicht nicht aus, nicht viel zu besitzen und nicht zu behalten, sondern es ist notwendig, nichts zu behalten, was für unsere körperlichen Bedürfnisse nicht unbedingt notwendig ist. Denken Sie ständig daran, das Leben zu vereinfachen.

Zu diesen Hauptgelübden kommen einige Nebenregeln hinzu:

1. *Swadeshi.* Verwenden Sie keine Artikel, bei denen die Möglichkeit einer Täuschung besteht. Verwenden Sie keine Fertigartikel. In den Fabriken leiden die Arbeiter sehr, und die Industrieprodukte sind Produkte des ausgebeuteten Elends. Ausländische Waren und Waren, die mit komplizierten Maschinen hergestellt werden, sollten von einem *Ahimsa-Anhänger tabu sein.* Verwenden Sie einfache Kleidung, die einfach in Indien hergestellt wird.

2. Furchtlosigkeit. Wer von Angst beeinflusst wird, kann der Wahrheit oder *Ahimsa nicht folgen.* Er muss frei sein von der Angst vor Königen, Menschen, Kasten, Familien, Dieben, Räubern, wilden Tieren und dem Tod. Ein wirklich furchtloser Mann wird sich mit der Wahrheitskraft oder der Seelenkraft gegen andere verteidigen.

Sobald Gandhi die Hauptpunkte dieses eisernen Fundaments festgelegt hat, verweist er schnell auf die anderen Anforderungen, von denen die beiden bemerkenswertesten darin bestehen, dass die Lehrer bei der Verrichtung körperlicher Arbeit, vorzugsweise landwirtschaftlicher Arbeit, mit gutem Beispiel vorangehen müssen und dass sie die wichtigsten indischen Sprachen beherrschen müssen .

Was die Schüler betrifft, die den *Ashram ab dem vierten Lebensjahr betreten können (Studenten werden in jedem Alter aufgenommen), müssen sie* während des gesamten Studiengangs, der etwa zehn Jahre dauert, im *Ashram bleiben.* Die Kinder werden von ihren Eltern und Familien getrennt. Die Eltern verzichten auf jegliche Autorität über sie. Die Kinder besuchen ihre Eltern nie. Die Schüler tragen einfache Kleidung, essen einfache, rein vegetarische Kost, haben keine Ferien im eigentlichen Sinne, haben jedoch einmal in der Woche eineinhalb Tage Zeit für individuelle kreative Arbeit. Drei Monate im Jahr verbringen wir damit, zu Fuß durch Indien zu reisen. Alle Schüler müssen die Dialekte Hindi und Dravidisch lernen. Als Zweitsprache müssen sie Englisch lernen und sich außerdem mit den Schriftzeichen der fünf indischen Sprachen (Urdu, Bengali, Tamil, Telugu und Davanagri) vertraut machen. Sie werden in ihrem eigenen Dialekt, Geschichte, Geographie, Mathematik, Wirtschaft und Sanskrit unterrichtet. Gleichzeitig werden sie in der Landwirtschaft sowie im Spinnen und Weben unterrichtet. Es versteht sich von selbst, dass die gesamte Ausbildung von einer religiösen Atmosphäre durchzogen ist. Nach Abschluss ihres Studiums haben die Schüler die Wahl, ob sie wie ihre Lehrer das Gelübde ablegen oder die Schule verlassen möchten. Der Unterricht ist völlig kostenlos.

Ich habe Gandhis Bildungssystem ziemlich ausführlich beschrieben, weil es die hohe Spiritualität seines Handelns zeigt und weil er dieses System als die Triebfeder der gesamten Bewegung betrachtet. Um ein neues Indien aufzubauen, muss aus indischen Elementen eine neue Seele erschaffen werden, stark und rein. Und diese Seele kann nur von einer heiligen Legion von Aposteln entwickelt werden, die wie die Apostel Christi wie das Salz der Erde sein werden. Gandhi ist im Gegensatz zu unseren europäischen Revolutionären kein Schöpfer von Gesetzen und Verordnungen. Er ist ein Erbauer einer neuen Menschheit.

§ 4

Wie alle Regierungen unter ähnlichen Bedingungen hatte die englische Regierung keine Ahnung, was vor sich ging. Zunächst war ihre Haltung von ironischer Verachtung geprägt. Der Vizekönig Lord Chelmsford bezeichnete die Bewegung im August 1920 als „den dümmsten aller dümmsten Pläne". Aber diese Höhen bequemer Herablassung mussten bald aufgegeben werden. Im November 1920 veröffentlichte die Regierung eine überraschende und leicht beunruhigte Proklamation, in der sich Drohungen und väterliche Ratschläge vermischten und das Volk warnte, dass die Führer der Bewegung bisher zwar nicht belästigt worden seien, weil sie keine Gewalt gepredigt hätten, nun aber Befehle erteilt worden seien jeden zu verhaften , der die Grenzen überschreitet und dessen Worte Aufruhr schüren oder auf andere Weise zur Gewalt anregen könnten.

Die Grenzen wurden bald überschritten, allerdings von der Regierung. Die Nichtkooperationsbewegung war gewachsen und hatte an Dynamik gewonnen, und die Regierung begann ernsthaft beunruhigt zu sein. Im Dezember nahmen die Dinge eine ausgesprochen gefährliche Wendung. Bis dahin galt die gewaltlose Nichtkooperation als ein Experiment mehr oder weniger vorübergehender Natur, und die Regierung hatte sich geschmeichelt, dass die Nichtkooperation abgelehnt werden würde, wenn der Nationale Indische Kongress zu seiner Dezembersitzung in Nagpur zusammentrat. Doch der Kongress lehnte die Nichtkooperation nicht ab , sondern nahm die Idee vielmehr in die Verfassung auf, indem er den ersten Absatz wie folgt formulierte:

> Das Ziel des Indischen Nationalkongresses ist die
> Erlangung der *Swaraj* – Hausherrschaft – durch das indische
> Volk mit allen legitimen und friedlichen Mitteln.

Der Kongress bestätigte daraufhin den in der Sondersitzung im September verabschiedeten Nichtkooperationsbeschluss und ergänzte ihn . Während das Prinzip der Gewaltlosigkeit uneingeschränkt gewahrt blieb, herrschte allgemein die Meinung, dass alle Anstrengungen unternommen werden müssen, um alle Elemente in Indien im Hinblick auf eine gemeinsame, nachhaltige Aktion zu vereinen, und der Kongress rief nicht nur Hindus und Muslime zur loyalen Zusammenarbeit auf , drängte aber auf eine *Annäherung* zwischen den privilegierten und „unterdrückten" Klassen. Darüber hinaus nahm der Kongress grundlegende Änderungen in der Verfassung vor, die praktisch der Schaffung eines repräsentativen Systems für ganz Indien gleichkamen. [81]

Der Kongress versuchte nicht, die Tatsache zu verbergen, dass er die Nichtkooperation in ihrer jetzigen Form nur als einen vorläufigen Schritt betrachtete , dem zu einem später zu bestimmenden Zeitpunkt eine völlige Nichtkooperation, einschließlich einer Verweigerung der Zahlung von Steuern, folgen sollte . Bis dahin jedoch und um den Weg zu ebnen, drängte sie darauf, den Boykott zu verschärfen, das Spinnen und Weben zu fördern, und richtete gleichzeitig einen Appell an Schüler, Eltern und Richter, in dem sie sie aufforderte, mit größerem Eifer nicht zu kooperieren . Wer den Beschlüssen des Kongresses nicht nachkam, sollte aus dem öffentlichen Leben ausgeschlossen werden.

Die Beschlüsse des Kongresses implizierten die faktische Gründung eines Staates innerhalb eines Staates, die Errichtung einer echten indischen Herrschaft im Gegensatz zur britischen Regierung. England konnte dies nicht dulden. Sie musste etwas tun. Die Regierung musste kämpfen oder verhandeln. Ein Kompromiss hätte leicht durch Verhandlungen erzielt werden können, wenn die Regierung bereit gewesen wäre, auf halbem Weg zu gehen. Der Kongress hatte erklärt, er wolle sein Ziel „möglichst mit England“, ansonsten aber „ohne England“ erreichen. Aber wie immer, wenn europäische Politik ausländische Rassen betrifft, wurde kein Versuch unternommen, zu verhandeln. Es wurde Gewalt angewendet. Es wurden Vorwände für bewaffnete Unterdrückung gesucht. An ihnen mangelte es nicht.

Trotz des von Gandhi und dem Kongress aufgestellten Prinzips der Gewaltlosigkeit kam es in verschiedenen Teilen Indiens zu einigen Unruhen. Zwar hatten sie kaum oder gar keinen Bezug zur nichtgenossenschaftlichen Bewegung , dennoch gab und gab es Probleme. In den Vereinigten Provinzen (Allahabad) kam es zu Agraraufständen, Aufständen der Pächter gegen die Grundbesitzer, die Polizei musste eingreifen und es kam zu Blutvergießen. Bald darauf übernahm die Akali-Bewegung der Sikhs, obwohl sie rein religiösen Charakters hatte, nichtkooperative Methoden , und infolge der Agitation wurden im Februar 1921 etwa zweihundert Sikhs massakriert. Niemand in gutem Glauben hätte Gandhi oder ... festhalten können Seine Anhänger waren für dieses Drama des Fanatismus verantwortlich, aber die Regierung betrachtete es als eine gute Gelegenheit. Im März 1921 begann die Repression, die im Laufe der Monate immer bedrückender wurde. Die Regierung begründete ihr Eingreifen mit der Notwendigkeit, die Spirituosenhändler vor der Wut des Mobs zu schützen. Dies war nicht das erste Mal, dass die europäische Zivilisation und der Alkohol Hand in Hand gingen. Die ehrenamtlichen Nichtkooperationsorganisationen wurden aufgelöst. Es wurde ein Gesetz erlassen, das aufrührerische Versammlungen verbot. In bestimmten Provinzen hatte die Polizei *freie Hand* bei der Unterdrückung der Bewegung, die als „revolutionär und anarchistisch" bezeichnet wurde. Tausende Inder wurden verhaftet und einige der angesehensten Bürger Indiens wurden kurzerhand inhaftiert und misshandelt. Natürlich erregte dieses Vorgehen böses Blut, und hier und da gerieten die Leute und die Polizisten aneinander. Einige Häuser wurden niedergebrannt und Menschen wurden niedergeschlagen. Dies war die Situation in Indien, als sich das Komitee des Allindischen Kongresses Ende März in Bezwada traf, um über zivilen Ungehorsam zu diskutieren. Mit seltener Mäßigung und Weitsicht stimmte sie dagegen, mit der Begründung, das Land sei noch nicht bereit, dieses zweischneidige Schwert zu führen. Später würde man zum zivilen Ungehorsam aufrufen. Vorerst konnte es nur eine Art zivile und finanzielle Mobilisierung geben.

Unterdessen setzte Gandhi seinen Einsatz für die Einheit Indiens immer aktiver fort. Er versuchte, alle Religionen, Rassen, Parteien und Kasten zu vereinen. Er rief die Parsen auf, [82] die reiche, wohlhabende Kaufmannsklasse, die, wie er es ausdrückte, mehr oder weniger vom Geist Rockefellers befleckt war, und er rief Hindus und Muslime dazu auf, ein solides Bündnis zu bilden. Die Beziehungen zwischen Hindus und Muslimen waren ständig durch Vorurteile, gegenseitige Angst und Misstrauen erbittert. Gandhi setzte sich dafür ein, die beiden Rassen in eine harmonische Zusammenarbeit zu bringen, [83] und ohne eine unmögliche Verschmelzung der beiden Völker zu befürworten oder zu wünschen, versuchte er, sie in Freundschaft zu vereinen. [84]

Seine größten Bemühungen galten jedoch der Regeneration der „unterdrückten" Klassen, der Parias. Allein seine leidenschaftlichen Appelle für die Parias, seine Schreie der Trauer und Empörung über die monströse soziale Ungerechtigkeit, die sie unterdrückte, würden seinen Namen verewigen. Seine Gefühle für die Ausgestoßenen reichen bis in seine Kindheit zurück. Er erzählt, wie als Junge [85] ein Paria ins Haus kam, um die ganze grobe Arbeit zu erledigen. Als Junge wurde Gandhi gesagt, er solle den Paria niemals berühren, ohne sich anschließend durch Waschungen zu reinigen. Er konnte den Grund nicht verstehen und fragte seine Eltern oft danach. In der Schule berührte er häufig Unberührbare, und seine Mutter sagte ihm, dass er den Folgen dieser unheiligen Berührung nur dadurch entgehen könne, dass er einen Mohammedaner berührte. Für Gandhi schien das alles absurd unfair, grausam ungerechtfertigt. Im Alter von zwölf Jahren beschloss er, diesen Makel vom Gewissen Indiens zu wischen. Er hatte vor, seinen erniedrigten Brüdern zu Hilfe zu kommen. Und nie hat sich Gandhis Geist klarer und unvoreingenommener gezeigt, als wenn er ihre Sache vertritt. Was ihre Sache für ihn bedeutet, lässt sich aus der Tatsache ersehen, dass er sagt, er würde seine Religion aufgeben (denjenigen, für den Religion alles ist!), wenn ihm jemand beweisen könnte, dass Unberührbarkeit eines ihrer Dogmen ist. Das ungerechte Paria-System rechtfertigte in seinen Augen alles, was Indien von anderen Nationen angetan wurde.

> Wenn die Indianer zu Parias des Imperiums geworden sind, handelt es sich um vergeltende Gerechtigkeit, die uns ein gerechter Gott zuteil werden lässt ... Sollten wir Hindus nicht unsere blutbefleckten Hände waschen, bevor wir die Engländer bitten, ihre zu waschen? Die Unberührbarkeit hat uns erniedrigt und uns zu Parias in Südafrika, Ostafrika und Kanada gemacht. Solange Hindus die Unberührbarkeit absichtlich als Teil ihrer Religion betrachten, ist *Swaraj* unmöglich zu erreichen. Indien ist schuldig, England hat nichts Schlimmeres getan. Die erste Pflicht besteht darin, die Schwachen und Hilflosen zu schützen und niemals die Gefühle eines Einzelnen zu verletzen. Wir sind nicht besser als Rohlinge, bis wir uns von den Sünden befreit haben, die wir gegen unsere schwächeren Brüder begangen haben.

Gandhi wollte, dass der Nationalkongress die Lage der Paria-Brüder durch die Bereitstellung von Schulen und Brunnen verbessert, da Parias die öffentlichen Brunnen nicht nutzen durften. Aber bis dann? Gandhi war nicht in der Lage, mit gefalteten Händen darauf zu warten, dass die privilegierten Klassen sich herabließen, ihre Grausamkeiten wiedergutzumachen, und ging zu den Parias. Er stellte sich an ihre Spitze und versuchte, sie zu organisieren. Er besprach mit ihnen ihre Probleme. Was sollten sie tun? Appell an die englische Regierung? Sich ihm zur Verfügung stellen? Dies würde nur eine Änderung der Sklaverei bedeuten. Den Hinduismus aufgeben? (Beachten Sie die aufgeschlossene Kühnheit eines hinduistischen Gläubigen!) Christen oder Mohammedaner werden? Gandhi würde ihnen fast dazu raten, wenn der Hinduismus tatsächlich für Unberührbarkeit stünde. Aber das tut es nicht. Unberührbarkeit ist nur ein krankhafter Auswuchs des Hinduismus, der ausgerottet werden muss. Die Parias müssen sich zur Selbstverteidigung organisieren. Sie könnten natürlich die Grundsätze der Nichtkooperation gegenüber dem Hinduismus übernehmen, indem sie jegliche Beziehungen zu den Hindus verweigern (ein merkwürdig kühner Hinweis auf eine soziale Revolte auf den Lippen eines Patrioten wie Gandhi!). Die Schwierigkeit besteht jedoch darin, dass die Parias keine Führer haben und sich nicht organisieren können. Für sie ist es daher das Beste, sich der allgemeinen Nichtkooperationsbewegung anzuschließen , deren Ziel die Harmonie aller Klassen ist. Wirkliche Nichtkooperation ist ein religiöser Reinigungsakt, an dem niemand teilnehmen kann, der an die Unberührbarkeit glaubt. Gandhi vereint auf diese Weise Religion, Menschlichkeit und Patriotismus. [86]

Eine gewisse Feierlichkeit begleitete die ersten Versuche, die Parias zu gruppieren. Am 13. und 14. April 1921 fand in Ahmedabad eine „Konferenz der unterdrückten Klassen" statt. Gandhi leitete die Konferenz und hielt eine seiner schönsten Reden. Er forderte nicht nur die Unterdrückung des Paria-Systems, sondern forderte auch die Unberührbaren auf, sich der Situation zu stellen und ihr Bestes zu zeigen. Er erwarte Großes von den Parias im gesellschaftlichen Leben des wiedergeborenen Indiens, sagt er. Er versucht, ihnen Selbstvertrauen einzuflößen und sie mit seinem eigenen brennenden Ideal zu erfüllen. Er sieht in den „unterdrückten Klassen" ungeheure latente Möglichkeiten. Er glaubt, dass die unberührbare Klasse innerhalb von fünf Monaten aus eigener Kraft den Platz erobern kann, der ihr in der großen indischen Familie zusteht.

Gandhi hatte die Freude zu sehen, wie sein Appell in den Herzen der Menschen Widerhall fand. In vielen Teilen Indiens wurden die Parias emanzipiert. [87] Am Tag vor seiner Verhaftung hielt Gandhi eine Rede, in der er den Fortschritt der Paria-Sache darlegte. Die Brahmanen halfen. Die privilegierten Schichten lieferten rührende Beispiele von Reue und brüderlicher Liebe. Gandhi zitiert den Fall eines jungen Brahmanen, der mit neunzehn Jahren Straßenkehrer wurde, um unter den Unberührbaren zu leben. [88]

§ 5

Mit der gleichen Großzügigkeit nahm Gandhi ein anderes großes Anliegen in Angriff, nämlich das der Frauen.

Das sexuelle Problem ist in Indien ein besonders schwieriges Problem, das von einer alles durchdringenden, bedrückenden und schlecht gelenkten Sinnlichkeit pulsiert. Kinderehen schwächen die physischen und moralischen Ressourcen der Nation. Die Besessenheit vom Fleisch lastet auf dem Gemüt der Männer und ist eine Beleidigung der Würde der Frau. Gandhi veröffentlicht die Beschwerden hinduistischer Frauen über die erniedrigende Haltung hinduistischer Nationalisten. [89] Gandhi vertritt die Seite der Frauen. Ihr Protest, sagt er, beweise, dass es in Indien noch ein weiteres so schlimmes Übel gebe wie das der Unberührbarkeit. Doch die Frauenfrage ist kein rein indisches Problem. Die ganze Welt leidet darunter. Wie bei den Parias erwartet er von den Unterdrückten mehr als von den Unterdrückern. Er fordert Frauen auf, Respekt einzufordern und zu wecken, indem sie aufhören, sich selbst nur als Objekte männlicher Begierde zu betrachten. Lassen Sie sie ihren Körper vergessen und in das öffentliche Leben eintreten, die Risiken auf sich nehmen und die Konsequenzen ihrer Überzeugungen ertragen. Frauen sollten nicht nur auf Luxus verzichten und fremde Güter wegwerfen oder verbrennen, sondern sie sollten auch die Probleme und Entbehrungen der Männer teilen. Viele angesehene Frauen wurden in

Kalkutta verhaftet und inhaftiert. Das zeigt den richtigen Geist. Anstatt um Gnade zu bitten, sollten Frauen mit Männern wetteifern, die für die Sache leiden. Wenn es um Leiden geht, werden Frauen den Männern immer überlegen sein. Lasst die Frauen keine Angst haben. Die Schwächsten werden ihre Ehre bewahren können. „Wer weiß, wie man stirbt, braucht sich nie zu fürchten."

Auch Gandhi vergisst die gefallenen Schwestern nicht. [90] Er erzählt von Gesprächen mit ihnen in den Provinzen Andhra und Barisal, wo sie sich zu einer Konferenz trafen. Er sprach edel und einfach zu ihnen, und sie antworteten, vertrauten ihm an und fragten ihn um Rat. Er versuchte, ihnen eine Möglichkeit vorzuschlagen, wie sie ihren Lebensunterhalt ehrlich verdienen könnten, und schlug vor, Spinnerei zu betreiben. Sie einigten sich darauf, gleich am nächsten Tag damit zu beginnen, wenn ihnen Ermutigung und Unterstützung zugesichert würden. Und dann wandte sich Gandhi an die Männer Indiens; forderte sie auf, Frauen zu respektieren:

> Das Glücksspiel mit Lastern hat in unserer Revolution keinen Platz. *Swaraj* , Hausherrschaft, bedeutet, dass wir jeden Einwohner Indiens als unseren eigenen Bruder oder unsere eigene Schwester betrachten müssen. Die Frau ist nicht das schwächere Geschlecht, sondern die bessere Hälfte der Menschheit, die edlere von beiden; denn auch heute noch ist es die Verkörperung von Opferbereitschaft, stillem Leiden, Demut, Glauben und Wissen. Die Intuition der Frau hat sich oft als wahrer erwiesen als die arrogante Wissensannahme des Mannes.

Bei den Frauen Indiens, angefangen bei seiner eigenen Frau, fand Gandhi immer intelligente Hilfe und Verständnis, und unter ihnen rekrutierte er einige seiner besten Schüler.

§ 6

Im Jahr 1921 erreichte Gandhis Macht ihren Höhepunkt. Seine Autorität als moralischer Führer war enorm, und ohne dass er danach gestrebt hätte, war ihm nahezu unbegrenzte politische Autorität in die Hand gegeben worden. Die Menschen betrachteten ihn als einen Heiligen. Es wurden Bilder gemalt, die ihn als Sri-Krishna darstellen. [91] Und am Ende des Jahres, im Dezember, übertrug ihm der All-India National Congress seine Befugnisse und ermächtigte ihn, seinen Nachfolger zu ernennen. Er war der unbestrittene Meister der indischen Politik. Es lag an ihm, eine politische Revolution zu starten, wenn er es für richtig hielt, oder sogar die Religion zu reformieren.

Er hat dies nicht getan. Er wollte dies nicht tun. Moralische Größe? Moralisches Zögern? Beides vielleicht. Für einen Menschen ist es sehr schwierig, einen anderen wirklich zu verstehen, insbesondere wenn er verschiedenen Rassen und Zivilisationen angehört. Und wie viel schwieriger ist es, wenn man einen so tiefen und subtilen Geist wie Gandhi in Betracht zieht! Im Labyrinth der Ereignisse, die sich in diesem turbulenten Jahr in Indien abspielten, ist es schwer festzustellen, ob die Hand des Piloten nicht zitterte, sondern das kolossale Schiff stets fest und sicher auf dem gewählten Kurs steuerte. Ich werde jedoch versuchen, meine Gefühle in Bezug auf das lebende Rätsel zu erklären, und ich werde dies mit dem religiösen Respekt tun, den ich für diesen großen Mann habe, und der Aufrichtigkeit, die ich seiner Aufrichtigkeit schulde.

Wenn Gandhis Macht groß war, war die Gefahr, sie zu missbrauchen, ebenso groß. Da die Wirkung seines Feldzugs schon bei der kleinsten Welle Hunderte Millionen Menschen erfasste, wurde es immer schwieriger, die Bewegung zu lenken und gleichzeitig inmitten des turbulenten Ozeans standhaft zu bleiben. In der Tat ist es ein übermenschliches Problem, Mäßigung und Hochmut mit der wogenden, ungezügelten Leidenschaft des Mobs in Einklang zu bringen! Der Pilot, sanft und fromm, betet und verlässt sich auf Gott; aber die Stimme, die zu ihm kommt, geht im Tosen des Sturms fast verloren. Wird es jemals die anderen erreichen?

Es besteht keine Gefahr, dass er vom Stolz umgehauen wird. Keine noch so große Anbetung kann seinen Kopf verdrehen. Im Gegenteil, es verletzt nicht nur seinen Sinn für die Eignung der Dinge, sondern auch seinen Geist der Demut. Gandhi ist eine Ausnahme unter den Propheten und Mystikern, denn er sieht keine Visionen, hat keine Offenbarungen; Er versucht nicht, sich selbst davon zu überzeugen, dass er übernatürlich geführt wird, und er versucht auch nicht, andere dazu zu bringen, dies zu glauben. Strahlende Aufrichtigkeit gehört ihm. Seine Stirn bleibt ruhig und klar, sein Herz frei von Eitelkeit. Er ist ein Mann, wie alle anderen Männer. Er ist *kein* Heiliger. Er lässt sich nicht von den Leuten so nennen. (Aber schon seine Einstellung beweist, dass er einer ist.)

Das Wort „Heiliger", sagt er, sollte aus dem gegenwärtigen Leben verbannt werden.

> Ich bete wie jeder gute Hindu. Ich glaube, dass wir alle Boten Gottes sein können. Ich habe keine besonderen Offenbarungen über Gottes Willen. Mein fester Glaube ist, dass er sich täglich jedem Menschen offenbart, wir aber unsere Autos vor der „stillen, leisen Stimme" verschließen. ... Ich behaupte, nichts anderes als ein bescheidener Diener Indiens und der Menschheit zu sein. Ich habe keine Lust, eine Sekte zu gründen. Ich bin wirklich zu ehrgeizig, um mich mit einer Sekte als Anhänger zufrieden zu geben, denn

ich vertrete keine neuen Wahrheiten. Ich bemühe mich, der Wahrheit, wie ich sie kenne, zu folgen und sie darzustellen. Ich erhebe den Anspruch, ein neues Licht auf viele alte Wahrheiten zu werfen. [92]

Persönlich ist er immer bescheiden, äußerst gewissenhaft und unfähig zur Engstirnigkeit, sei es als indischer Patriot oder als Apostel der Nichtkooperation . Er duldet keine Tyrannei, nicht einmal zum Wohle der Sache. Die Unterdrückung durch die Regierung darf niemals durch nichtkooperative Unterdrückung ersetzt werden . [93] Gandhi wird sein Land nicht gegen andere Länder aufbringen; Sein Patriotismus beschränkt sich nicht auf die Grenzen Indiens. „Für mich ist Patriotismus dasselbe wie Menschlichkeit. Ich bin patriotisch, weil ich ein Mensch und menschlich bin. Mein Patriotismus ist nicht exklusiv. Ich werde weder England noch Deutschland verletzen, um Indien zu dienen. Imperialismus hat in meinem Lebensplan keinen Platz. Ein Patriot." ist umso weniger ein Patriot, wenn er ein lauwarmer Menschenfreund ist." [94]

Aber haben seine Jünger schon immer so empfunden? Und was wird auf ihren Lippen aus Gandhis Lehre? Und wie erreicht es, von ihnen interpretiert, die Massen?

Als Rabindranath Tagore, nachdem er mehrere Jahre durch Europa gereist war, im August 1921 nach Indien zurückkehrte, war er erstaunt über den Wandel in der Mentalität der Menschen. Noch vor seiner Rückkehr hatte er seine Besorgnis in einer Reihe von Briefen zum Ausdruck gebracht, die er aus Europa an Freunde in Indien geschickt hatte. Viele dieser Briefe wurden in seiner „Modern Review" veröffentlicht. [95] Die Kontroverse zwischen Tagore und Gandhi, zwischen zwei großen Geistern, die beide von gegenseitiger Bewunderung und Wertschätzung bewegt, aber in ihren Gefühlen so fatal getrennt sein können, wie ein Philosoph von einem Apostel, ein heiliger Paulus von einem Platon sein kann, ist wichtig. Denn auf der einen Seite haben wir den Geist des religiösen Glaubens und der Nächstenliebe, der eine neue Menschheit gründen will. Auf der anderen Seite haben wir eine Intelligenz, frei geboren, gelassen und breit, die danach strebt, die Bestrebungen der gesamten Menschheit in Sympathie und Verständnis zu vereinen.

Tagore betrachtete Gandhi immer als einen Heiligen, und ich habe ihn oft mit Verehrung von ihm sprechen hören. Als ich in Bezug auf den Mahatma Tolstoi erwähnte, machte Tagore mich darauf aufmerksam, und jetzt, da ich Gandhi besser kenne, wird mir klar, wie viel mehr Licht und Strahlkraft in Gandhis Geist steckt als in Tolstois . Bei Gandhi ist alles Natur – bescheiden, einfach, rein –, während alle seine Kämpfe von religiöser Gelassenheit geheiligt werden, während bei Tolstoi alles stolze Revolte gegen Stolz, Hass gegen Hass, Leidenschaft gegen Leidenschaft ist. Bei Tolstoi ist alles Gewalt, sogar seine Doktrin der Gewaltlosigkeit. Am 10. April 1921 schrieb Tagore aus London: „Wir sind Gandhi dankbar, dass er Indien die Chance gegeben hat zu beweisen, dass sein Glaube an den göttlichen Geist des Menschen immer noch lebendig ist." Trotz der Bedenken, die er gegenüber Gandhis Wahlkampf geäußert hatte, hatte Tagore, als er Frankreich verließ, um nach Indien zurückzukehren, aufrichtig vor, Gandhi in jeder Hinsicht zu unterstützen. Und selbst das Manifest vom Oktober 1921, auf das ich später eingehen werde – der „Appell an die Wahrheit", der den Bruch zwischen den beiden Männern markierte – beginnt mit einer der schönsten Hommagen an Gandhi, die jemals geschrieben wurden.

Gandhis Haltung gegenüber Tagore ist von liebevoller Wertschätzung geprägt und ändert sich auch dann nicht, wenn die beiden anderer Meinung sind. Sie haben das Gefühl, dass Gandhi eine Polemik mit Tagore ablehnt, und wenn bestimmte freundliche Freunde versuchen, die Debatte durch die Wiederholung persönlicher Bemerkungen zu verschärfen, gebietet Gandhi ihnen Schweigen und erklärt, wie viel er Tagore schuldet. [96]

Dennoch war es unvermeidlich, dass die Kluft zwischen den beiden Männern größer werden würde. Bereits 1920 hatte Tagore bedauert, dass der überfließende Reichtum von Gandhis Liebe und Glauben für politische Zwecke genutzt werden sollte, wie es seit Tilaks Tod der Fall war. Natürlich hatte Gandhi die politische Bühne nicht leichten Herzens betreten. Doch als Tilak starb, hatte Indien keinen politischen Führer mehr, und jemand musste seinen Platz einnehmen.

Wie Gandhi sagt: [97]

> Wenn ich mich an der Politik zu beteiligen scheine, dann
> nur deshalb, weil die Politik uns heute wie die Windungen
> einer Schlange umgibt, aus der man nicht herauskommt, so
> sehr man es auch versucht. Ich möchte mit der Schlange
> ringen ... Ich versuche, Religion in die Politik einzuführen.

Aber das bedauert Tagore. Am 7. September 1920 schrieb er: „Wir brauchen die ganze moralische Kraft, die Mahatma Gandhi repräsentiert und die er allein auf der Welt repräsentieren kann." Dass solch ein kostbarer Schatz auf die zerbrechliche Rinde der Politik geworfen und den unaufhörlichen Wellen widerstreitender und gereizter Leidenschaften ausgesetzt werden sollte, ist ein schweres Unglück für Indien, dessen Mission, sagt Tagore, „die Toten zum Leben erweckt". durch Seelenfeuer. Die Verschwendung spiritueller Ressourcen für Probleme, die im Lichte der abstrakten moralischen Wahrheit betrachtet unwürdig sind, ist zu bedauern. „Es ist kriminell, moralische Gewalt in Gewalt umzuwandeln."

Dies empfand Tagore beim spektakulären Start der Nichtkooperationskampagne und bei den Unruhen, die im Namen der Kalifat-Sache und den Massakern im Punjab ausgelöst wurden. Er fürchtete die Ergebnisse der Kampagne auf einen leicht erregbaren Mob, der hysterischen Wutanfällen ausgesetzt war. Am liebsten hätte er die Menschen von Rache und Träumen von unmöglicher Wiedergutmachung abgelenkt; Er hätte dafür gesorgt, dass sie das Unwiederbringliche vergessen und alle Anstrengungen darauf verwendet hätten, eine neue Seele für Indien aufzubauen und zu formen. Und obwohl er Gandhis Lehren und das glühende Feuer seines Geistes der Selbstaufopferung bewunderte, hasste er das Element der Verneinung, das in der Nichtkooperation enthalten war . Tagore schreckte instinktiv vor allem zurück, was für „Nein" stand.

Und diese Überzeugung veranlasst ihn, das positive Ideal des Brahmanismus, das verlangt, dass die Freuden des Lebens willkommen, aber gereinigt werden, mit dem negativen Ideal des Buddhismus zu vergleichen, das ihre Unterdrückung fordert. [98] Darauf antwortet Gandhi, dass die Kunst des Eliminierens ebenso wichtig sei wie die des Akzeptierens. [99] Der menschliche Fortschritt besteht in einer Kombination aus beidem. Das letzte Wort in den Upanishaden ist eine Verneinung. Die Definition von Brahman durch die Autoren der Upanishaden ist *Neti* , nicht dies! Indien hatte die Macht verloren, „Nein" zu sagen. Gandhi hat es ihr zurückgegeben. Das Jäten ist ebenso wichtig wie das Säen.

Aber Tagore glaubt offenbar nicht an das Jäten. In seiner poetischen Betrachtung des Lebens ist er zufrieden mit den Dingen, wie sie sind, und es macht ihm Freude, ihre Harmonie zu bewundern. Er erklärt seinen Standpunkt in Zeilen von großer Schönheit, aber losgelöst vom wirklichen Leben. Seine Worte sind wie der Tanz von Nataraja, ein Spiel der Illusionen. Tagore sagt, er versuche, seinen Geist auf die große Begeisterung einzustellen, die über das Land hereinbricht. Aber er kann es nicht tun, denn in seinem Herzen herrscht, trotz allem, ein Geist des Widerstands. „In der Dunkelheit meiner Verzweiflung", sagt er, „sehe ich ein Lächeln und höre eine Stimme, die sagt: ‚Dein Platz ist bei den Kindern, die an den Stränden der Welt spielen, und da bin ich bei dir.'" Tagore spielt mit Harmonien, erfindet neue Rhythmen, „die sich durch die Stunden ziehen, wie Kinder, die in der Sonne tanzen und lachen, wenn sie verschwinden." Die ganze Schöpfung ist glücklich mit Tagore; Blüten und Blätter sind lediglich Rhythmen, die niemals aufhören. Gott selbst ist der überragende Jongleur, der mit der Zeit spielt, Sterne und Planeten auf den Strom der Erscheinungen wirft und mit Träumen gefüllte Papierboote in den Fluss der Zeitalter wirft. „Wenn ich ihn anflehe, mich sein Jünger sein zu lassen und einige der Spielzeuge meiner Erfindung in eine seiner fröhlichen Barken zu legen, lächelt er, und ich folge ihm, den Saum seines Gewandes umklammernd."

Hier fühlt sich Tagore an seiner Stelle. „Aber wo bin ich in einer großen Menschenmenge, die von allen Seiten eingequetscht wird? Und wer kann den Lärm verstehen, den ich höre? Wenn ich ein Lied höre, kann meine Sitar die Melodie auffangen und ich kann in den Refrain einstimmen, denn ich bin ein Sänger. Aber im wilden Lärm der Menge geht meine Stimme verloren und mir wird schwindelig." Tagore hat im Geschrei der Nichtkooperation versucht, eine Melodie zu finden, aber ohne Erfolg. Und er sagt sich: „Wenn du in der größten Krise ihrer Geschichte nicht im Gleichschritt mit deinen Landsleuten marschieren kannst, dann hüte dich davor, zu sagen, dass sie im Unrecht sind und du im Recht! Aber gib deinen Platz in den Reihen auf, Gehen Sie zurück in die Ecke Ihres Dichters und seien Sie darauf vorbereitet, auf Spott und öffentliche Schande zu stoßen. [100]

So würde ein Goethe sprechen, ein indischer Goethe, Bacchus. Und es scheint, als ob Tagores Entscheidung von nun an feststeht. Der Dichter verabschiedet sich von der Handlung, da diese eine Verneinung impliziert, und er zieht sich zurück in den Bann des schöpferischen Zaubers, den er um sich selbst webt. Doch Tagore zieht sich nicht nur zurück. Wie er sagt, hatte das Schicksal beschlossen, dass er seine Barke gegen den Strom steuern sollte. Zu dieser Zeit war er nicht nur der „Dichter", sondern auch der spirituelle Botschafter Asiens in Europa; Er war gerade aus Europa zurückgekehrt, wo er die Menschen gebeten hatte, bei der Gründung einer Weltuniversität in Santiniketan zusammenzuarbeiten. Was für eine Ironie des Schicksals, dass er an einem Ende der Welt die Zusammenarbeit zwischen Okzident und Orient predigte, während am anderen Ende in diesem Moment Nicht-Zusammenarbeit gepredigt wurde! [101]

Die mangelnde Zusammenarbeit verletzte ihn daher doppelt, sowohl in seiner Arbeit als auch in seiner Lebensauffassung. „Ich glaube", sagt er, „an die wirkliche Vereinigung von Orient und Okzident."

Die mangelnde Kooperation widersprach seiner Denkweise, denn seine Mentalität und seine reiche Intelligenz waren von allen Kulturen der Welt genährt worden. „Das Größte der Menschheit gehört mir", sagt er. „Die *unendliche Persönlichkeit des Menschen* (wie die Upanishaden sagen) kann nur aus der großartigen Harmonie aller menschlichen Rassen entstehen. Mein Gebet ist, dass Indien die Zusammenarbeit aller Völker der Welt repräsentieren möge. Für Indien bedeutet Einheit Wahrheit und Spaltung." Das Böse. Einheit ist das, was alles umfasst und versteht; daher kann sie nicht durch Verneinung erreicht werden. Der gegenwärtige Versuch, unseren Geist von dem des Abendlandes zu trennen, ist ein Versuch des spirituellen Selbstmords.... Das gegenwärtige Zeitalter wurde von dominiert Okzident, weil das Okzident eine Mission zu erfüllen hatte. Wir im Orient sollten vom Okzident lernen. Es ist natürlich bedauerlich, dass wir die Fähigkeit zur Wertschätzung unserer eigenen Kultur verloren hatten und daher nicht wussten, wie wir die westliche Kultur zuordnen sollten Aber zu sagen, dass es falsch ist, mit dem Westen zusammenzuarbeiten, bedeutet, die schlimmste Form des Provinzialismus zu fördern und kann nichts als intellektuelle Armut hervorrufen. Das Problem ist ein Weltproblem. Keine Nation kann ihre eigene Erlösung finden, indem sie sich abspaltet von anderen. Wir müssen alle gerettet werden, sonst müssen wir alle gemeinsam zugrunde gehen." [102]

Mit anderen Worten: So wie Goethe sich 1818 weigerte, die französische Zivilisation und Kultur abzulehnen, weigert sich Tagore, die westliche Zivilisation zu verbannen. Während Gandhis Doktrin keine wirkliche Barriere zwischen Ost und West errichtet, weiß Tagore, dass sie so interpretiert wird, sobald der hinduistische Nationalismus erwacht. Tagore befürchtet die Entwicklung eines Geistes der Ausgrenzung und erklärt sein Gefühl von Zweifel und Angst, als seine Studenten zu Beginn der Nichtkooperationsbewegung kamen, um seinen Rat einzuholen. Was bedeutet der Boykott von Schulen und Hochschulen? fragt Tagore. „ Dass die Schüler ein Opfer bringen sollen – wofür? Nicht für eine umfassendere Bildung, sondern für Nichtbildung." Während der ersten *Swadeshi-*Kampagne [103] sagte ihm eine Gruppe junger Studenten, dass sie ihre Schulen und Hochschulen sofort verlassen würden, wenn er es ihnen befehlen würde. Und als er sich weigerte, ließen sie ihn in großer Verärgerung zurück und zweifelten an seinem Patriotismus. [104]

Als Indien im Frühjahr 1921 begann, englische Schulen zu boykottieren, erlebte Tagore in London ein aggressives Beispiel intellektuellen Nationalismus. Während eines Vortrags eines Freundes von Tagore. Professor Pearson, einige indische Studenten äußerten fehlgeleitete nationale Kundgebungen. Tagore war empört und verurteilte in einem Brief an den Direktor von Santiniketan diesen Geist der Intoleranz und machte die Nichtkooperationsbewegung dafür verantwortlich. Und auf diesen Vorwurf antwortet Gandhi:

> Ich möchte nicht, dass mein Haus von allen Seiten eingemauert und meine Fenster vollgestopft sind. Ich möchte, dass die Kultur aller Länder so ungehindert wie möglich in meinem Haus verbreitet wird ... Aber ich weigere mich, mich von irgendeinem von ihnen umhauen zu lassen ... Meine Religion ist keine Gefängnisreligion. Es bietet Platz für die Geringsten unter Gottes Schöpfungen. Aber es ist ein Schutz vor unverschämtem Stolz auf Rasse, Religion oder Hautfarbe.

Während Gandhi seine Zweifel an den Vorzügen einer englischen literarischen Ausbildung zum Ausdruck brachte, die nichts mit der

Charakterbildung zu tun hat, einer Bildung, die seiner Meinung nach die Jugend Indiens entmannt hat, bedauerte Gandhi die erwähnten Exzesse und behauptete, dass dies seine Einstellung sei war nicht eng, wie Tagore anzudeuten schien.

Dies waren offene und edle Worte, aber sie zerstreuten Tagores Bedenken nicht. Tagore zweifelte nicht an Gandhi, aber er fürchtete die Gandhisten . Und vom ersten Kontakt mit seinem Volk an, nach seiner Rückkehr aus Europa, begann er den blinden Glauben zu fürchten, den das Volk den Worten des Mahatma entgegenbrachte. Tagore erkannte die drohende Gefahr des geistigen Despotismus und veröffentlichte in der „Modern Review" vom Oktober 1921 ein echtes Manifest, „Ein Appell an die Wahrheit", das einen Aufstandsschrei gegen diesen blinden Gehorsam darstellte. Der Protest war besonders stark, weil ihm eine wunderschöne Hommage an den Mahatma vorausging. Nachdem Tagore die erste indische Unabhängigkeitsbewegung in den Jahren 1907 und 1908 beschrieben hatte, erklärte er, dass die politischen Führer damals von einem buchstäblichen Ideal inspiriert waren, das auf den Traditionen von Burke, Gladstone, Mazzini und Garibaldi basierte, und dass ihre Botschaft nur von ihnen verstanden werden konnte die Elite. Kurz gesagt, sie vertraten ein englischsprachiges Ideal. Doch dann kam Mahatma Gandhi! Er blieb an der Schwelle der Tausenden Enterbten stehen, gekleidet wie einer der Ihren. Er sprach zu ihnen in ihrer eigenen Sprache. Hier war endlich die Wahrheit und nicht nur Zitate aus Büchern! Mahatma, der Name, den die Menschen in Indien Gandhi gaben, ist sein richtiger Name. Denn wer sonst hatte sich wie er in Gemeinschaft mit dem Volk gefühlt? Hatte er das Gefühl, dass sie aus seinem eigenen Fleisch und Blut seien? Auf den Ruf des Mahatma hin erblühten die verborgenen Kräfte der Seele, denn der Mahatma hat die Wahrheit in etwas Konkretes, Sichtbares verwandelt. Auf die gleiche Weise blühte Indien vor Tausenden von Jahren auf den Ruf Buddhas zu neuer Größe auf, als er den Menschen klar machte, dass es unter allen Lebewesen Mitgefühl und Mitgefühl geben muss. Indien, zu neuem Leben erweckt, drückte seine Stärke in Wissenschaft und Reichtum aus und breitete sich über Ozeane und Wüsten aus. Keine kommerziellen oder militärischen Eroberungen verbreiteten sich jemals so großartig. Denn allein die Liebe ist Wahrheit.

Doch dann änderte sich Tagores Ton. Die Apotheose hörte auf. Es folgte eine Täuschung. In Europa, auf der anderen Seite der Meere, spürte Tagore das Zittern der großen Wiederbelebung Indiens. Begeistert und voller Freude bei dem Gedanken, die fließende Brise der neuen Freiheit einzuatmen, kehrte er in sein Heimatland zurück. Doch bei seiner Ankunft ließ seine Begeisterung nach. Auf den Menschen lastete eine bedrückende Atmosphäre. „Ein äußerer Einfluss schien auf sie einzuwirken, sie zu zermürben und alle dazu zu bringen, im gleichen Ton zu sprechen und im gleichen Rhythmus zu folgen. Überall wurde mir gesagt, dass Kultur und Denkkraft aufgeben sollten und nur blinder Gehorsam herrschen sollte. So." Es ist ganz einfach, im Namen einer äußerlichen Freiheit die wahre Freiheit der Seele zu zerstören!"

Wir verstehen Tagores Bedenken und seine Anziehungskraft. Sie stammen aus allen Zeiten und Altersgruppen. Die letzten freien Geister einer zerfallenden alten Welt äußerten sie zu Beginn des neuen Christentums. Und wann immer wir selbst auf die steigende Flut eines blinden Glaubens an ein soziales oder nationales Ideal stoßen, spüren wir, wie die gleichen Bedenken in uns aufsteigen. Tagores Aufstand ist der Aufstand der freien Seele gegen die Zeitalter des Glaubens, die er hervorgerufen hat, denn während der Glaube für eine Handvoll Auserwählter höchste Freiheit bedeutet, bedeutet er für die von ihm geführten Massen nur eine weitere Form der Sklaverei.

Tagores Kritik zielt über den Fanatismus der Masse hinaus. Über die blinden Massen trifft es den Mahatma. Egal wie großartig Gandhi auch sein mag, nimmt er nicht mehr auf sich, als ein einzelner Mann ertragen kann? Eine so große Sache wie die Indiens sollte nicht vom Willen eines einzelnen Meisters abhängig sein. Der Mahatma ist der Meister der Wahrheit und der Liebe, aber die Erlangung der *Swaraj*- Hausherrschaft ist äußerst kompliziert. „Die Wege sind kompliziert und schwer zu erkunden. Emotionen und Begeisterung sind erforderlich, aber auch Wissenschaft und Meditation. Alle moralischen Kräfte der Nation müssen angerufen werden. Ökonomen müssen praktische Lösungen finden, Pädagogen müssen lehren, Staatsmänner nachdenken, Arbeiter müssen arbeiten." ... Überall muss der Lernwille frei und ungehindert aufrechterhalten werden. Kein Druck, weder offen noch verborgen, darf auf der Intelligenz lasten." ... „In früheren Zeiten, in unseren Urwäldern", sagt Tagore, „rufen unsere Weisen, *Gurus*, *in der Fülle ihrer Vision alle* Wahrheitssucher auf ... Warum nicht unser *Guru*, der führen will? uns zum Handeln, machen Sie den gleichen Aufruf?" Aber der einzige Befehl, den *Guru Gandhi* bisher ausgesprochen hat, ist: „Spinnen und weben!" Und Tagore fragt: „Ist das das Evangelium eines neuen kreativen Zeitalters? Wenn große Maschinen eine Gefahr für den Westen darstellen, stellen kleine Maschinen dann nicht eine größere Gefahr für uns dar?" Die Kräfte einer Nation müssen nicht nur untereinander, sondern auch mit anderen Nationen zusammenarbeiten. „Das Erwachen Indiens ist mit dem Erwachen der Welt verbunden. Jede Nation, die versucht, sich einzuschließen, verstößt gegen den Geist des neuen Zeitalters." Und Tagore, der mehrere Jahre in Europa verbracht hat, spricht von einigen der Männer, die er getroffen hat – Männer, die ihr Herz von den Ketten des Nationalismus befreit haben, um der Menschheit zu dienen – Männer, die die verfolgte Minderheit der Weltbürger, Cives, *darstellen totius orbis* – und er ordnet sie den *Sannyasins zu*, das heißt „denjenigen, die in ihrer Seele die menschliche Einheit verwirklicht haben". [105]

Und sollte Indien allein, fragt Tagore, das Kapitel der Verneinung rezitieren, ewig bei den Fehlern anderer verweilen und auf der Grundlage des Hasses nach *Swaraj streben?* Wenn der Vogel im Morgengrauen geweckt wird, denkt er nicht nur an Nahrung. Seine Flügel reagieren auf den Ruf des Himmels. Seine Kehle füllt sich mit freudigen Liedern zur Begrüßung des kommenden Tages. Eine neue Menschheit hat ihren Ruf ausgesendet. Lassen Sie Indien auf seine eigene Weise antworten! „Unsere erste Pflicht im Morgengrauen besteht darin, *uns an Ihn zu erinnern, der Einziger ist, der weder durch Klasse noch durch Hautfarbe zu unterscheiden ist und der mit seinen vielfältigen Kräften, soweit nötig, für die Bedürfnisse jeder Klasse und aller sorgt. Lasst uns Bittet Ihn, der Weisheit gibt, dass er uns alle im Verständnis vereint.* " [106]

Tagores edle Worte, einige der schönsten, die jemals an eine Nation gerichtet wurden, sind ein Gedicht des Sonnenlichts und überragen alle menschlichen Kämpfe. Und der einzige Kritikpunkt, den man ihnen vorwerfen kann, ist, dass sie zu hoch gleiten. Aus der Sicht der Ewigkeit hat Tagore recht. Der Vogeldichter, die adlergroße Lerche, wie Heine einen Meister unserer Musik nannte, sitzt und singt auf den Trümmern der Zeit. Er lebt in der Ewigkeit. Aber die Anforderungen der Gegenwart sind zwingend. Die vergehende Stunde erfordert sofortige, wenn auch unvollkommene Erleichterung; aber schreit danach. Und in dieser Hinsicht fällt es Gandhi, dem Tagores poetischer Schwung fehlt (oder der ihn vielleicht als *Boddhisattva* des Mitleids aufgegeben hat, um unter den Enterbten zu leben), ein Kinderspiel, zu antworten.

In seiner Antwort an Tagore zeigt Gandhi mehr Leidenschaft, als er bisher in der Kontroverse gezeigt hat. Am 13. Oktober 1921 erscheint in „Young India" seine mitreißende Gegenerwiderung. Gandhi dankt dem „Großen Wächter" [107] dafür, dass er Indien vor den bevorstehenden Fallstricken gewarnt hat. Er stimmt mit Tagore darin überein, dass es am wichtigsten ist, einen freien Geist zu bewahren.

> Wir dürfen unsere Vernunft niemandem ausliefern. Blinde
> Hingabe an die Liebe ist oft schädlicher als erzwungene
> Hingabe an die Peitsche des Tyrannen. Es gibt Hoffnung
> für den Sklaven des Tieres, aber keine für den der Liebe.

Tagore ist der Wächter, der vor der Annäherung der Feinde warnt, die Bigotterie, Lethargie, Intoleranz, Ignoranz und Trägheit genannt werden. Doch Gandhi hält Tagores Bedenken nicht für berechtigt. Der Mahatma beruft sich immer auf die Vernunft. Es stimmt nicht, dass Indien nur durch blinden Gehorsam bewegt wird. Wenn sich das Land für die Einführung des Spinnrads entschied, geschah dies erst nach gründlicher Überlegung. Tagore spricht von Geduld und gibt sich mit schönen Liedern zufrieden. Aber es gibt Krieg. Lass den Dichter seine Leier niederlegen! Lass ihn singen, wenn es vorbei ist! Wenn ein Haus brennt, müssen *alle* rausgehen und einen Eimer holen, um das Feuer zu löschen.

Wenn alle um mich herum aus Mangel an Nahrung sterben, ist die einzige Beschäftigung, die mir erlaubt ist, die Hungrigen zu ernähren. Indien ist ein brennendes Haus. Es verhungert, weil es keine Arbeit hat, um Lebensmittel zu kaufen. Khulna hungert. Die abgetretenen Bezirke erleben nacheinander eine vierte Hungersnot. Orissa ist ein Land, das unter chronischer Hungersnot leidet. Indien wird täglich ärmer. Die Durchblutung ihrer Füße und Beine ist fast zum Stillstand gekommen. Und wenn wir nicht aufpassen, wird sie völlig zusammenbrechen ...

Für ein hungerndes und müßiges Volk ist die einzig akzeptable Form, in der Gott erscheinen darf, Arbeit und das Versprechen von Nahrung als Lohn. Gott schuf den Menschen, um für seine Nahrung zu arbeiten, und sagte, dass diejenigen, die ohne Arbeit aßen, Diebe seien. Wir müssen an Millionen denken, die heute weniger als Tiere sind und sich fast im Sterben befinden. Hunger ist das Argument, das Indien ans Spinnrad lockt.

Der Dichter lebt für den Morgen und möchte, dass wir das Gleiche tun. Er präsentiert unserem bewundernden Blick das wunderschöne Bild der Vögel, die am frühen Morgen Lobeshymnen singen, während sie in den Himmel steigen. Diese Vögel hatten ihr Tagesfutter und flogen mit ausgeruhten Flügeln, in deren Adern in der vergangenen Nacht neues Blut geflossen war. Aber ich hatte den Schmerz, Vögel zu beobachten, die aus Mangel an Kraft nicht einmal zu einem Flügelschlag überredet werden konnten. Der menschliche Vogel unter dem indischen Himmel steht schwächer auf als damals, als er vorgab, sich zurückzuziehen. Für Millionen ist es eine ewige Mahnwache oder eine ewige Trance. Ich fand es unmöglich, leidende Patienten mit einem Lied von Kabir zu beruhigen ...

Gib ihnen Arbeit, damit sie essen können! „Warum sollte ich, der ich nicht fürs Essen arbeiten muss, spinnen?“ könnte die gestellte Frage sein. Weil ich esse, was mir nicht gehört. Ich lebe von der Ausbeutung meiner Landsleute. Verfolgen Sie den Verlauf jeder Münze, die in Ihre Tasche gelangt, und Sie werden die Wahrheit dessen erkennen, was ich schreibe. Jeder muss sich drehen. Lass Tagore drehen, wie die anderen. Er soll seine fremden Kleider verbrennen; das ist heute die Pflicht. Gott wird sich um den Morgen kümmern. Wie es in der Gîtâ heißt : Do *Rechts!*

Das sind dunkle und tragische Worte! Hier haben wir das Elend der Welt, das sich vor dem Traum der Kunst erhebt und schreit: „Wage es, mir die Existenz zu verweigern!“ Wer sympathisiert nicht mit Gandhis leidenschaftlicher Emotion und teilt sie?

Und doch gibt es in seiner so stolzen und so ergreifenden Antwort etwas, das Tagores Bedenken rechtfertigt: *Sileat poeta* , die der Person Schweigen auferlegt, die dazu aufgerufen ist, der gebieterischen Disziplin der Sache zu gehorchen. Befolgen Sie ohne Diskussion das Gesetz von *Swadeshi* , dessen erstes Gebot lautet: Spin!

Zweifellos ist Disziplin im menschlichen Kampf eine Pflicht. Aber leider können diejenigen, die mit der Durchsetzung dieser Disziplin betraut sind , die Leutnants des Kapitäns, engstirnige Männer sein. Sie verwechseln möglicherweise die zur Erreichung des Ideals gewählte Disziplin mit dem Ideal selbst. Disziplin fasziniert sie durch ihre Starrheit, denn sie gehören zu der Sorte, die sich nur auf dem schmalen Pfad wohlfühlt. Sie betrachten *Swadeshi* als wesentlich, nicht als Mittel zum Zweck, sondern als solches. In ihren Augen erhält es einen fast heiligen Charakter. Einer von Gandhis Schülern, Professor an der Schule, die ihm am nächsten liegt, dem *Satyagraha Ashram* von Sarbarmati in Ahmedabad, Herr DB Kalelkar , schreibt ein „Evangelium von Swadeshi", das Gandhi in einem Vorwort mit seiner Zustimmung stempelt. [108] Dieses Buch oder diese Broschüre ist an den Mann auf der Straße gerichtet. Lassen Sie uns das Glaubensbekenntnis untersuchen, wie es von einem derjenigen gelehrt wird, die aus der Quelle der unverfälschten Lehre trinken:

> Hin und wieder wird Gott auf der Erde inkarniert, um die Welt zu erlösen. Seine Inkarnation muss nicht unbedingt in menschlicher Form erfolgen. Er kann sich in einem abstrakten Prinzip oder in einem Ideal manifestieren, das die Welt erhebt. Seine neueste Inkarnation findet sich im „Evangelium von Swadeshi".

Der Apostel erkennt, dass diese Aussage ein Lächeln hervorrufen kann, wenn *Swadeshi* nur als Boykott ausländischer Waren interpretiert werden soll. Dies ist nur eine teilweise Anwendung von *Swadeshi* , einem „umfassenden religiösen Prinzip, das die Welt von Streit und Hass befreien und die Menschheit befreien wird". Seine Quintessenz findet sich in den indischen Schriften:

> Ihr eigener religiöser *Dharma* – das heißt Ihr eigenes religiöses Schicksal oder Ihre eigene Erlösung – ist zwar unvollkommen, aber der Beste. Die Erfüllung des *Dharma* , für die Sie nicht bestimmt sind, ist immer mit Gefahren behaftet. Glück erlangt nur der, der die ihm gestellte Aufgabe erfüllt.

Das grundlegende Gesetz von *Swadeshi* entspringt dem Glauben an Gott, „der in aller Ewigkeit für das Glück der Welt gesorgt hat". Dieser Gott hat jeden Menschen in die Umgebung gebracht, die für die Erfüllung seiner

Aufgabe am besten geeignet ist. Die Arbeit eines Menschen und Seine Bestrebungen sollten zu seiner Position in der Welt passen. Wir können unsere Kultur nicht mehr wählen als unsere Geburt, Familie oder unser Land. Wir müssen akzeptieren, was Gott uns gegeben hat; wir müssen die Tradition als von Gott kommend akzeptieren und sie als etwas betrachten strenge Pflicht, dieser nachzukommen. Der Verzicht auf die Tradition wäre Sünde."

Aus diesen Prämissen folgt, dass der Bewohner eines Landes sich nicht um andere Länder kümmern sollte.

> Der Anhänger von *Swadeshi nimmt niemals die* vergebliche Aufgabe auf sich , zu versuchen, die Welt zu reformieren, denn er glaubt, dass die Welt nach den von Gott festgelegten Regeln bewegt wird und immer bewegt werden wird ... Man darf nicht von den Menschen eines Landes erwarten für die Bedürfnisse eines anderen zu sorgen, auch aus philanthropischen Gründen, und wenn es möglich wäre, wäre es nicht wünschenswert ... Der wahre Anhänger von *Swadeshi* vergisst nicht, dass jeder Mensch sein Bruder ist, sondern dass es ihm obliegt Er fordert ihn dazu auf, die Aufgabe zu erfüllen, die sein jeweiliges Umfeld ihm gestellt hat. So wie wir in dem Jahrhundert, in dem wir geboren werden, unsere Erlösung erarbeiten müssen, sollten wir dem Land dienen, in dem wir geboren sind. Die Emanzipation unserer Seele sollte durch Religion und unsere eigene Kultur angestrebt werden.

Ist es jedoch einer Nation gestattet, alle Möglichkeiten zur Entwicklung ihrer Handels- und Industrieressourcen zu nutzen? Tatsächlich nicht. Ein unwürdiger Ehrgeiz, Indiens Manufakturen entwickeln zu wollen! Es würde bedeuten, dass man von den Menschen verlangt, ihre *Dharmas zu verletzen!* Es ist ebenso kriminell, die eigenen Produkte zu exportieren, wie die anderer zu importieren. „Denn Proselytismus ist abstoßend für den Geist von *Swadeshi.* " Und die logische Schlussfolgerung dieser Theorie, die für einen Europäer ziemlich verblüffend ist, ist, dass es ebenso sündhaft ist, Waren zu exportieren wie Ideen. Wenn Indien in der Geschichte bitter gedemütigt wurde, dann als Strafe für die Verbrechen seiner Vorfahren, die mit dem alten Ägypten und Rom Handel trieben, ein Verbrechen, das von allen nachfolgenden Generationen bewusst wiederholt wurde. Jede Nation, jede Klasse sollte ihrer eigenen Pflicht treu bleiben, von ihren eigenen Ressourcen leben und sich von ihren eigenen Traditionen inspirieren lassen.

> Wir sollten es vermeiden, mit Menschen in Kontakt zu kommen, deren soziale Bräuche sich von unseren

unterscheiden. Wir sollten uns nicht in das Leben von Männern oder Völkern einmischen, deren Ideale sich von unseren unterscheiden ... Jeder Mensch ist ein Bach. Jede Nation ist ein Fluss. Sie müssen ihrem Weg klar und rein folgen, bis sie das Meer der Erlösung erreichen, wo alles verschmelzen wird.

Was ist das anderes als der Triumph des Nationalismus? Der engste und unverschmutzteste? Bleib zu Hause, schließe alle Türen, ändere nichts, behalte alles, exportiere nichts, kaufe nichts, erhebe und reinige Körper und Geist! In der Tat ein Evangelium mittelalterlicher Mönche! [109] Und Gandhi, der weitsichtige Geist, lässt seinen Namen damit in Verbindung bringen!

Die Verwirrung Tagores angesichts dieser Visionäre des reaktionären Nationalismus ist verständlich. Kein Wunder, dass er von diesen Aposteln zurückgenommen wurde, die den Lauf der Jahrhunderte umkehren, die freie Seele in einen Käfig sperren und alle Brücken niederbrennen würden, die mit dem Westen in Verbindung stehen. [110] Tatsächlich impliziert Gandhis Lehre nichts dergleichen. Wie aus seiner Antwort an Tagore hervorgeht, sagt er: „ *Swadeshi* ist eine Botschaft an die Welt." Die Welt existiert; Deshalb rechnet Gandhi damit und lehnt „Missionierung" nicht ab. Nichtkooperation , sagt er, „richtet sich nicht gegen die Engländer oder den Westen. Unsere Nichtkooperation richtet sich gegen die materielle Zivilisation und die damit einhergehende Gier und Ausbeutung der." schwach." Mit anderen Worten: Es bekämpft die Fehler des Westens und wäre daher auch für den Westen von Vorteil. „Unsere Nichtkooperation ist ein Rückzug in uns selbst." Ein vorübergehender Ruhestand, damit Indien seine Kräfte sammeln kann, bevor es sie in den Dienst der Menschheit stellt. „Indien muss lernen zu leben, bevor es danach streben kann, für die Menschheit zu sterben." Gandhi verbietet die Zusammenarbeit mit Europa nicht, sofern das gesunde Ideal, das er allen Menschen aufstellt, eingehalten wird.

Gandhis wahre Lehre ist viel umfassender, viel menschlicher, viel universeller [111] als die, die im „Evangelium" zum Ausdruck kommt, das er gebilligt hat. Warum gab Gandhi diesem „Evangelium" seinen Namen? Warum lässt er zu, dass sein großartiges Ideal, eine Botschaft für die ganze Welt, in den engen Fesseln einer indischen Theokratie gefangen bleibt? Hütet euch vor Jüngern! Je reiner sie sind, desto schädlicher. Gott bewahre einen großen Mann vor Freunden, die nur einen Teil seines Ideals verstehen! Indem sie es kodifizieren, zerstören sie die Harmonie, die der wahre Segen seiner lebendigen Seele ist.

Aber das ist nicht alles. Während die Schüler, die in der Nähe des Meisters leben, zumindest von seiner edlen Spiritualität geprägt sind, was ist mit den Schülern seiner Schüler und den anderen, den Massen, zu denen die Lehre lediglich als vage und gebrochene Echos gelangt? Wie viel und was nehmen sie vom Evangelium der spirituellen Reinigung und des kreativen Verzichts auf? Unglücklicherweise erscheint ihnen die Lehre in ihrer rudimentärsten und materiellsten Form, in einer Art messianischem Warten auf die Ankunft von *Swaraj*, der Hausherrschaft, durch das Spinnrad! Das ist die Negation allen Fortschritts. Es ist das alte *Fuori Barbari*. Tagore ist nicht ohne Grund beunruhigt über die Gewalt der Apostel der Gewaltlosigkeit, und selbst Gandhi ist nicht völlig frei davon. Gandhi sagt, er würde sich „vom Feld zurückziehen, wenn er Hass auf die Engländer empfinden würde", denn man müsse seine Feinde lieben und gleichzeitig ihre Taten hassen, „den Satanismus hassen und gleichzeitig Satan lieben". Der Unterschied ist jedoch etwas zu subtil, als dass der Durchschnittsmensch ihn begreifen könnte. Und wenn die Führer bei jeder Kongresssitzung mit feuriger Beredsamkeit auf die Verbrechen und den Verrat der Engländer eingehen, häufen sich hinter den Schleusen Wut und Groll; Und Vorsicht, wenn die Schleusen platzen! Als Gandhi erklärt, warum er im August 1921 in Bombay das Verbrennen wertvoller Gegenstände befürwortet, und zu Andrews, Tagores Freund, sagt: „Er überträgt den bösen Willen von Menschen auf Dinge" [112], ist ihm die Wut nicht bewusst Die Massen gewinnen an Dynamik, und diese Massen denken instinktiv: „Die Dinge zuerst, die Menschen als nächstes!" Er geht nicht davon aus, dass in diesem Bombay weniger als drei Monate später *Männer Männer* töten werden. Gandhi ist zu sehr ein Heiliger; er ist zu rein, völlig frei von den tierischen Leidenschaften, die im Menschen schlummern. Er träumt nicht davon, dass sie dort liegen, in den Menschen kauern, seine Worte verschlingen und von ihnen gedeihen. Der klarsichtigere Tagore erkennt die Gefahr, der die Nichtkooperationspartner ausweichen, wenn sie unschuldig die Verbrechen Europas offenlegen, sich zur Gewaltlosigkeit bekennen und gleichzeitig den Menschen den Virus einpflanzen, der unweigerlich zu Gewalt führen wird! Aber das ist ihnen nicht bewusst, diesen Aposteln, deren Herzen frei von Hass sind. Aber wer Menschen in Aktion führen will, muss den Herzschlag der anderen kennen, nicht nur seinen eigenen. Vorsicht vor dem Mob! *Cave Canem*! Die moralischen Grundsätze eines Gandhi werden es nicht eindämmen können. Die einzige Möglichkeit, vielleicht zu verhindern, dass es außer Kontrolle gerät, die einzige Möglichkeit, es vielleicht der strengen Disziplin des Meisters fügsam zu machen, wäre, dass er sich als inkarnierter Gott ausgibt, als diejenigen, die ihn als Sri darstellen -Krishna hofft insgeheim, dass er es schaffen wird. Doch Gandhis Aufrichtigkeit und seine Bescheidenheit halten ihn davon ab, die Rolle zu spielen.

Und dann bleibt, allein über dem tosenden menschlichen Ozean schwebend , die einzige Stimme des reinsten aller Menschen, aber nur eines Mannes. Wie lange wird es zu hören sein? Grandioses und tragisches Warten!

[67] Etymologisch: *swa* , selbst, sich selbst; *deshi* , Land. Daher nationale Unabhängigkeit. Die Nichtkooperatoren interpretieren es meist im engeren Sinne der wirtschaftlichen Unabhängigkeit. Weiter unten wird sich zeigen, welche Art von sozialem Evangelium Gandhis Anhänger aus dieser Idee machen. („Evangelium von Swadeshi.")

[68] 8. und 24. September, 20. Oktober 1920.

[69] 11. und 25. August 1920.

[70] Zumindest interpretiert Gandhi die Texte so. Wage es ein europäisches Unterfangen, dass er in der Bhagavad Gitâ eine gelassene Gleichgültigkeit gegenüber der ausgeübten und erlittenen Gewalt findet?

[71] 25. August 1920.

[72] 12. Mai 1920.

[73] „An alle Engländer in Indien", 27. Oktober 1920.

[74] 28. April 1920; 8. Juni, 1. September 1921. In seinem „Brief an die Parsen", die Geschäftsleute, bittet er sie, den Alkoholverkauf einzustellen (23. März 1921). In seinem „Brief an die Moderaten" vom 8. Juni 1921 bittet er sie, ihm bei der Durchsetzung dieses Punkts zu helfen, auch wenn sie mit den anderen Punkten seines Programms nicht einverstanden sind. Er führt auch Krieg gegen Drogen, Drogen und Opiumhöhlen.

[75] Gandhi selbst erkennt, dass viele spotten werden. Aber, fragt er, hat die Nähmaschine die Nadel überflüssig gemacht? Der Nutzen des Spinnrads ist nicht verloren gegangen. Im Gegenteil: Im Moment gibt es nichts Nützlicheres. Die Spinnerei ist eine nationale Notwendigkeit und stellt für Millionen hungernder Menschen die einzig mögliche Existenzgrundlage dar. (21. Juli 1920.)

[76] 2. Februar 1921.

[77] 21. Juli 1920.

[78] 17. November 1920.

[79] Englisch ist nicht ausgeschlossen, ebenso wenig wie jede andere europäische Sprache, sondern ist am Ende des Schulprogramms den höheren Klassenstufen vorbehalten. In allen Klassenstufen werden jedoch indische Dialekte verwendet. Gandhi träumt von einem höheren Zustand der universellen Existenz, in dem alle Unterschiede bestehen bleiben, nicht als Spaltungen, sondern als unterschiedliche Facetten.

[80] *Ashram* , Ort der Disziplin, Einsiedelei.

[81] Bei der Kongresssitzung in Nagpur waren etwa 4726 Delegierte anwesend, darunter 469 Mohammedaner, 65 Sikhs, 5 Parsen, 2 Unberührbare, 4079 Hindus und 106 Frauen.

Die neue Verfassung sah vor, dass pro 5000 Einwohner ein Delegierter gewählt werden sollte, was einer Gesamtzahl von 6175 Delegierten entspräche. Der Nationale Indische Kongress sollte einmal im Jahr um Weihnachten herum zusammentreten. Das aus 850 Mitgliedern bestehende Komitee des Kongresses würde als Exekutivorgan fungieren, die Beschlüsse des Kongresses durchsetzen und seine Richtlinien umsetzen. Zwischen den Sitzungen des Kongresses hatte das Komitee die gleichen Befugnisse wie der Kongress. Innerhalb des Ausschusses sollte ein aus fünfzehn Mitgliedern bestehendes Exekutivgremium zum Kongressausschuss das gleiche Verhältnis haben wie ein Ministerkabinett zum Parlament. Dieser Vorstand könnte vom Kongressausschuss aufgelöst werden.

Der Kongress von Nagpur entwarf die Pläne für eine Hierarchie von Ausschüssen der Provinzkongresse, die einundzwanzig Provinzen und zwölf Sprachen vertraten, und ordnete ihnen lokale Ausschüsse in jedem Dorf oder jeder Dorfgruppe unter. Es empfahl die Bildung einer Gruppe nationaler Arbeiter mit dem Namen „Indian National Service", die aus Mitteln namens „All-India Tilak Memorial Swaraja Fund" finanziert werden sollte.

Jeder Erwachsene, ob männlich oder weiblich, der 4 Annas besaß, erhielt das Wahlrecht, sofern er das Credo der Verfassung unterzeichnet hatte. Teilnahmeberechtigt ist, wer das 21. Lebensjahr vollendet hat, die Einhaltung von Artikel I der Verfassung geschworen und sich bereit erklärt hat, die Regeln und Zusatzbestimmungen der Verfassung einzuhalten.

[82] 23. März 1921.

[83] 6. Oktober 1920; 11. und 18. Mai, 28. Juli, 20. Oktober 1921.

[84] Unter Berufung auf seine Freundschaft mit dem Muslim Maulana Mohamed Ali behauptet Gandhi, dass beide Männer ihrem jeweiligen Glauben treu blieben.

Gandhi würde seine Tochter weder einem von Alis Söhnen zur Frau geben, noch würde er die Mahlzeiten seines Freundes teilen; und das Gleiche gilt für Maulana Mohamed Ali. Dies hindert beide Männer jedoch nicht daran, einander zu lieben, einander zu respektieren und sich aufeinander zu verlassen.

Gandhi sagt nicht, dass Mischehen zwischen Hindus und Muslimen und die Tatsache des gemeinsamen Essens unbedingt verurteilt werden sollten, aber er sagt, dass sie derzeit unmöglich sind. Es wird mindestens ein Jahrhundert dauern, bis die beiden Völker ein solches Stadium der Verschmelzung erreichen. Eine vermeintlich praktische Politik sollte nicht versuchen, eine solche Reform durchzuführen. Gandhi hat keine Einwände dagegen, hält es aber für verfrüht. Das einzig Wichtige ist vorerst, dass die beiden Völker einander respektieren und einander treu bleiben. Auch hier zeigt Gandhi seinen Sinn für die Realitäten. (20. Oktober 1921.)

[85] Rede vom 27. April 1921.

[86] 27. Oktober 1920.

[87] Ende April 1921 beginnt die Unberührbarkeit zu schwinden. In vielen Dörfern dürfen die Parias unter anderen Hindus leben und die gleichen Rechte genießen. (27. April 1921.) In anderen Regionen ist ihr Zustand jedoch nach wie vor beklagenswert, insbesondere in Madras. (29. September 1921.) Die Frage ist von diesem Zeitpunkt an im Programm der Nationalversammlungen Indiens enthalten. Der Kongress von Nagpur hatte im Dezember 1920 bereits den Wunsch geäußert, die Unberührbarkeit abzuschaffen.

[88] 27. April 1921.

[89] 21. Juli 1921 und 6. Oktober 1920.

[90] 21. Juli, 11. August, 16. Dezember 1921.

[91] Gandhi protestiert dagegen in „Young India" vom Juni 1921.

[92] 12. Mai 1920; 25. Mai, 13. Juli, 25. August 1921.

[93] 8. Dezember 1920.

[94] 16. März 1921.

[95] „Briefe aus dem Ausland." Die drei Briefe vom 2., 5. und 13. März wurden im Mai 1921 in der „Modern Review" veröffentlicht. Der „Appell an die Wahrheit" wurde nach Tagores Rückkehr nach Indien geschrieben und am 1. Oktober 1921 in der „Modern Review" veröffentlicht. Die beiden Männer diskutierten ihre Ansichten jedoch nicht nur in polemischen Schriften. Sie trafen sich und führten ein langes Interview, aber keiner von ihnen hat einen Kommentar zu ihrem Treffen veröffentlicht. CF Andrews, der anwesend war, hat uns jedoch erzählt, worum es bei dem Gespräch ging, und auf die Argumente verwiesen, mit denen Tagore und Gandhi ihre unterschiedlichen Standpunkte untermauerten.

[96] 9. Februar 1922. In diesem Artikel mit dem Titel „Zu heilig für die Veröffentlichung" geht Gandhi auf seine lange Freundschaft mit Tagore ein. Gandhi war ein häufiger Besucher in Tagores Haus in Santiniketan und

betrachtete es als Rückzugsort. Während er in England war, hatten seine Kinder dort ihr Zuhause.

[97] 12. Mai 1920.

[98] 5. März 1921.

[99] 1. Juni 1921.

[100] 5. März 1921.

[101] 6. März 1921.]

[102] 13. März 1921. Entwickelt in einem Artikel in der „Modern Review" vom November 1921.

[103] Die erste indische Home-Rule-Kampagne in Bengalen in den Jahren 1907–08.

[104] 5. März 1921.

[105] Diejenigen, die auf ihr persönliches Leben verzichtet haben, um der Menschheit eine Einheit zu bringen.

[106] Paraphrase der ersten Strophe der Upanishaden.

[107] Titel des Artikels vom 13. Oktober 1921.

[108] „Das Evangelium von Swadeshi", Madras, 1922.

[109] In diesem „Evangelium" finden sich jedoch Worte von großer moralischer Kraft und Schönheit. Übe keine Rache. „Was vergangen ist, ist vergangen. Die Vergangenheit kann nicht zurückgerufen werden; sie ist Teil der Ewigkeit und der Mensch hat keinen Rückgriff darauf. Versuchen Sie nicht, Repressalien als Strafe für vergangene Ungerechtigkeit und Beleidigungen auszuüben! Lassen Sie die tote Vergangenheit ihre Toten begraben." Handeln Sie in der lebendigen Gegenwart, im Herzen im Inneren und in Gott über Ihrem Kopf.

Die kalte Reinheit der Gletscher weht von einem Ende bis zum anderen durch das Buch.

[110] Tagore reagierte besonders empfindlich auf solche Schriften, da zwischen Gandhis *Ashram* (wo dieses „Evangelium" geschrieben wurde) und Tagores *Santiniketan* eine Art Rivalität entstanden war , eine Rivalität, die beide Männer zu glätten versuchten. In einem am 9. Februar 1922 veröffentlichten Artikel beklagt Gandhi in „Young India", dass ein Journalist ihn falsch zitiert habe und ihn dazu gebracht habe, Dinge über seinen *Ashram zu sagen* , die als Kritik an Tagores *Santiniketan ausgelegt werden könnten* . *Gandhi drückt seinen Respekt für Tagores Schule aus und fügt ziemlich humorvoll hinzu, dass er, wenn er die Überlegenheit einer Schule gegenüber der anderen feststellen müsste,* trotz der

Disziplin des *Ashrams für Santiniketan* stimmen würde. *Santiniketan* ist der ältere Bruder, älter sowohl im Alter als auch in der Weisheit, aber, sagt Gandhi: „Lasst die Schüler von *Santiniketan* sich vor dem Wachstum des kleinen *Ashrams hüten!*"

[111] Meiner Meinung nach ist Gandhi genauso universell wie Tagore, aber auf eine andere Art und Weise. Gandhi ist durch sein religiöses Gefühl ein Universalist; Tagore ist intellektuell universell. Gandhi schließt niemanden von der Gemeinschaft des Gebets und der täglichen Pflichten aus, so wie die ersten Apostel nicht zwischen Juden und Heiden unterschieden, sondern beiden die gleiche moralische Disziplin auferlegten. Das ist es, was Gandhi anstrebt, und darin liegt seine Engstirnigkeit; nicht in seinem Herzen, das so groß ist wie das eines Christus, sondern in seinem Geist der intellektuellen Askese und Entsagung. (Und auch das ist von einem Christus!) Gandhi ist ein Universalist des Mittelalters. Während wir ihn verehren, verstehen und billigen wir Tagore.

[112] 1. September 1921.

TEIL DREI

§ 1

Im Jahr 1921 entwickelte sich die Nichtkooperationsbewegung rasch . Das ganze Jahr war geprägt von Unsicherheit, Erwartung und gewalttätigen Ausbrüchen. Gandhi spiegelte unweigerlich seine Schwankungen wider.

Seit langem wuchs die Feindseligkeit, die gegen die brutalen Unterdrückungsmaßnahmen der Regierung in einer offenen Revolte ausbrach. Es kam zu Unruhen in Malegaon im Bezirk Nasik und in Giridih in Behar. Anfang Mai 1921 kam es in Assam zu schweren Zusammenstößen. Zwölftausend Kulis stellten ihre Arbeit in den Teegärten ein und wurden von von der Regierung einberufenen Gurkhas angegriffen, und in Ostbengalen organisierten die Eisenbahn- und Dampfschiffarbeiter aus Protest einen zweimonatigen Streik. Gandhi tat alles in seiner Macht stehende, um das Aufbrausen zu beruhigen. Im Mai führte er ein langes Gespräch mit dem Vizekönig Lord Reading und nutzte auch seinen Einfluss bei den Ali-Brüdern, die durch ihre hetzerischen Reden Gewalt schüren sollen. Gandhi konnte seine muslimischen Freunde davon überzeugen, „davon Abstand zu nehmen, direkt oder indirekt Gewalt zu befürworten".

Die Nichtkooperationsbewegung wurde jedoch im Laufe der Zeit immer mächtiger. Vor allem das muslimische Element wurde kühn. Beispielsweise erklärte die All-India Khilafat Conference am 8. Juli in Karatschi, nachdem sie die muslimischen Forderungen wiederholt hatte, dass kein Muslim in der englischen Armee dienen oder bei der Rekrutierung helfen dürfe. Tatsächlich ging die Konferenz sogar so weit, auf der Dezembersitzung des Nationalkongresses mit der Ausrufung einer Republik in Indien zu drohen und für zivilen Ungehorsam zu plädieren, wenn die Regierung ihre feindselige Haltung gegenüber den Angora-Führern nicht änderte. Wenig später, am 28. Juli, beschloss das in Bombay tagende Komitee des Nationalkongresses (das erste gemäß der neuen Verfassung gewählte Kongresskomitee), den Prinzen von Wales zu boykottieren, dessen Besuch angekündigt wurde, und erklärte einen Boykott aller ausländischen Materialien , das vor dem 30. September in Kraft treten soll. Außerdem wurden Schritte zur Intensivierung und Regulierung der nationalen Spinnerei und Weberei unternommen und die Organisation einer energischeren Kampagne gegen das Übel des Alkoholkonsums gefordert, trotz der Unterstützung der Händler durch die Regierung. Allerdings war das Kongresskomitee weniger kühn als die Muslime der Kalifat-Konferenz und lehnte revolutionäre Tendenzen sowie zivilen Ungehorsam ab. energische Propaganda für Gewaltlosigkeit.

kam es zu einem brutalen Aufstand der Moplahs , der mehrere Monate dauerte. Mit Maulana Mohamed Ali beschloss Gandhi, von Kalkutta nach Malabar zu gehen, um zu versuchen, die Lage zu beruhigen. Doch die Regierung verhaftete Maulana Mohamed und seinen Bruder Maulana Shaukat Ali sowie mehrere andere muslimische Persönlichkeiten und beschuldigte sie, auf der Kalifat-Konferenz für zivilen Ungehorsam gestimmt zu haben. Als die Nachricht von der Verhaftung der Ali-Brüder bekannt wurde, ratifizierte das in Delhi tagende Zentrale Kalifat-Komitee einstimmig die Beschlüsse der Kalifat-Konferenz. Hunderte von Demonstrationen in ganz Indien bestätigten die Zustimmung der Bevölkerung. Am 4. Oktober gab Gandhi bekannt, dass er erwäge, seine Sache mit der der Muslime in Einklang zu bringen. In einem von fünfzig prominenten Mitgliedern des All-India Congress gebilligten Manifest erklärte Gandhi, dass jeder Bürger das Recht habe, seine Ansichten zur Nichtkooperation zu äußern, und fügte hinzu, dass kein Inder, ob Zivilbeamter oder Soldat, einer Regierung dienen sollte , die dies herbeigeführt hat moralischer, politischer und wirtschaftlicher Verfall Indiens. Er erklärte die Nichtkooperation mit einer solchen Regierung zur zwingenden Pflicht. Der Prozess gegen die Ali-Brüder fand in Karatschi statt. Gemeinsam mit ihren Mitangeklagten wurden sie zu zwei Jahren Haft verurteilt.

Auf diesen Satz antwortete Indien mit doppelter Energie. Gandhis Manifest wurde am 4. November in Delhi vom Ausschuss des All-India Congress ratifiziert. Und als er den Würfel warf, ermächtigte das Komitee jede Provinz, auf eigene Verantwortung zivilen Ungehorsam zu verkünden, beginnend mit der Weigerung, Steuern zu zahlen. „Widerstandskräfte" waren jedoch die ersten, die völligen Gehorsam gegenüber dem *Swadeshi-* Programm schworen, einschließlich Handspinnen, und das Gelübde der Gewaltlosigkeit ablegten. Mit anderen Worten: Unter Gandhis Leitung versuchte das Komitee, Widerstand gegen die Regierung mit Disziplin und Selbstaufopferung zu verbinden. Um den desinteressierten Charakter der Bewegung deutlich zu machen. Den Widerstandskämpfern wurde mitgeteilt, dass weder sie noch ihre Familien finanzielle Unterstützung vom Komitee erhalten würden.

Der große Ungehorsam sollte seine Wirkung entfalten, als am 17. November der Prinz von Wales in Bombay landete. Der Boykott wurde von der Unter- und Mittelschicht durchgeführt; aber die Reichen, die Parsen und Beamten ignorierten den Befehl völlig. Ihre Haltung löste in der Bevölkerung eine solche Wut aus, dass die Massen die Häuser der Reichen stürmten, Häuser und Besitz plünderten und niemanden verschonten, nicht einmal die Frauen. Viele wurden getötet und verwundet. Dies war jedoch der einzige Fall von Gewalt. Überall sonst, in ganz Indien, fand das vorgeschriebene *Hartal* inmitten einer fast religiösen Ruhe und Ordnung statt. Es kam zu keinerlei

Störungen. Doch die Nachricht von den Unruhen in Bombay verletzte Gandhi „wie ein Pfeil, der ihm ins Herz geschossen hat". Sobald er von ihnen hörte , eilte er zur Stelle, und als die Randalierer ihn anfeuerten, kannte seine Demütigung keine Grenzen. Er rief der Menge wütend zur Ordnung und befahl ihr, sich zu zerstreuen. Er erklärte, dass die Parsen berechtigt seien, die Ankunft des Prinzen zu feiern, wenn sie wollten, und auf jeden Fall rechtfertige nichts Gewalt. Die Menge hörte Gandhi schweigend zu, aber weiter weg brach der Tumult erneut aus. Die schlimmsten Elemente schienen plötzlich aus der Erde aufgetaucht zu sein, und zwanzigtausend Männer, die sich vor Wut und Hass auftürmen, können nicht auf einmal zur Vernunft zurückgebracht werden. Dennoch blieben die Randalierer auf bestimmte Bezirke beschränkt, und die Zerstörung war nicht halb so groß wie die, die durch den unbedeutendsten revolutionären Ausbruch in Europa verursacht wurde. Gandhi richtete jedoch verzweifelte Appelle an die Bürger von Bombay und an die Nichtkooperatoren und erklärte, dass solche Vorfälle bewiesen, dass die Massen noch nicht reif für zivilen Ungehorsam seien. Daher setzte er die Anordnung zur Verkündung außer Kraft. Um sich für die Gewalt seiner Anhänger zu bestrafen, verordnete er sich ein religiöses Fasten von vierundzwanzig Stunden pro Woche.

Die Europäer in Indien waren von den Unruhen in Bombay weniger beunruhigt als vielmehr von der auffallenden Einstimmigkeit des schweigenden *Hartal* im ganzen Land. Sie forderten den Vizekönig und die Regierung zum Handeln auf, und in den verschiedenen Provinzen wurden eine Reihe repressiver Maßnahmen verhängt. Ein altes Gesetz aus den Aufständen von 1908, das sich an Anarchisten und Geheimgesellschaften richtete, wurde ausgegraben und gegen die Freiwilligenverbände des Kongresses und des Kalifats eingesetzt. Es kam zu Tausenden von Verhaftungen, was lediglich dazu führte, dass sich Tausende neuer Rekruten als Freiwillige registrieren ließen, die dann von den Provinzkomitees ausgebildet wurden. In der Zwischenzeit wurde ein *Hartal* für den 24. Dezember angesetzt, dem Datum des Besuchs des Prinzen von Wales in Kalkutta. An diesem Tag durchquerte der Prinz eine stille, völlig verlassene Stadt.

Die Revolution schien überall zu schwelten und bereit, in Flammen aufzugehen, als der Indische Nationalkongress in Ahmedabad zusammentrat. Dazu gehörte die beeindruckende Feierlichkeit der États-Généraux am Vorabend der Französischen Revolution im Jahr 1789. Der Präsident des Kongresses war gerade inhaftiert worden. Die Diskussionen waren kurz. Der Kongress bekräftigte erneut seinen Glauben an Nichtkooperation und forderte alle Bürger auf, sich als Freiwillige zu registrieren und auf eine Verhaftung vorbereitet zu sein. Es forderte die Menschen außerdem dazu auf, überall Massenversammlungen zu organisieren; und nachdem sie die Meinung geäußert hatte, dass ziviler Ungehorsam eine ebenso wirksame und humanere Waffe sei als bewaffnete Rebellion, beantragte sie die Einführung des zivilen Ungehorsams, sobald die Massen den wahren Geist der Gewaltlosigkeit begriffen hätten. Da der Kongress erkannte, dass viele der Mitglieder am Ende der Sitzungsperiode verhaftet werden würden, delegierte er seine Befugnisse an Gandhi, übertrug ihm *de facto eine Diktatur* und ermächtigte ihn, seinen Nachfolger zu ernennen. Dies machte Gandhi zum alleinigen Herrscher der indischen Politik. Der Kongress beschränkte seine Befugnisse nur in einem Punkt, und zwar darin, dass er ohne Zustimmung des Kongressausschusses keiner Änderung des nationalen *Glaubensbekenntnisses* zustimmen und keinen Frieden mit der Regierung schließen sollte. Ein Teil der Versammlung versuchte, eine Resolution zu verabschieden, in der Gewalt gebilligt wurde, wenn nötig, um die Unabhängigkeit Indiens herbeizuführen, aber diese Resolution wurde von der Mehrheit, die an Gandhis Prinzipien glaubte, abgelehnt.

Die folgenden Wochen offenbarten den religiösen Enthusiasmus, der über Indien hinwegfegte. 25.000 Männer und Frauen ergaben sich freudig den Gefängniswärtern. Und hinter ihnen standen Tausende andere bereit, sich zu ergeben, um ihren Glauben an die Sache Indiens zu beweisen.

§ 2

Wieder einmal glaubte Gandhi, das Land sei reif für *massenhaften* zivilen Ungehorsam . Das Signal sollte in einem Modellbezirk in Bardoli in der Provinz Bombay gegeben werden. [113] Hier wurden Gandhis Ideen immer verstanden und befolgt. In einem offenen Brief an den Vizekönig vom 9. Februar 1922 legte Gandhi sein Programm dar. Der Brief ist eine höfliche, aber klare Kampfansage. Gandhi sagt, er sei der Anführer der Nichtkooperationsbewegung und übernehme die Verantwortung dafür. Bardoli wird die erste Einheit einer gewaltfreien Massenrevolte gegen eine Regierung sein, die die Presse-, Vereinigungs- und Redefreiheit brutal verletzt hat. Gandhi gibt Lord Reading sieben Tage Zeit, um eine Änderung seiner Politik anzukündigen. Wenn der „Vizekönig eine so unglaublich einfache Angelegenheit nicht sehen will oder kann", wird ziviler Ungehorsam ausgerufen. [114]

Kaum war der Brief an den Vizekönig abgesandt , als es zu einem Ausbruch kam, der heftiger war als alle anderen. Während einer Prozession in Chauri-Chaura im Bezirk Gorakhpur, oder besser gesagt, nachdem die Prozession vorbei war, wurden einige Nachzügler „von den Polizisten gestört und misshandelt". Von der Menge angegriffen, eröffneten die Polizisten das Feuer, und als ihre Munition aufgebraucht war , zogen sie sich aus Sicherheitsgründen in die *Thana* (die Polizeikaserne) zurück. Der Mob zündete das *Thana an*. Vergebens flehten die Belagerten um Gnade. Sie

- 73 -

wurden erbarmungslos massakriert und verbrannt. Da die Provokation jedoch von ihnen ausgegangen war und kein nicht kooperierender Freiwilliger an dem Angriff beteiligt gewesen war, hätte Gandhi zu Recht jegliche Verantwortung für die Gewalttat von sich weisen können. Aber er war wirklich zum Gewissen Indiens geworden. Das Verbrechen eines einzelnen seiner Leute traf ihn bis ins Mark. Er nahm alle Sünden seines Volkes auf sich. Sein Entsetzen war so groß, dass er spontan und zum zweiten Mal die Bewegung des zivilen Ungehorsams stoppte, die er gerade ins Leben gerufen hatte. Die Situation war wesentlich komplizierter als nach den Unruhen in Bombay, und nur wenige Tage zuvor hatte er sein Ultimatum an den Vizekönig geschickt. Wie konnte er es zurückziehen, ohne dass sein Programm unlogisch oder sogar lächerlich erschien? „Satan", wie Gandhi sagt, „verbot es." Als er erkannte, dass „Satans" Stimme die Stimme des *Stolzes war*, beschloss er, das Manifest zurückzuziehen.

Und am 16. Februar 1922 erschien in „Young India" eines der außergewöhnlichsten menschlichen Dokumente, die jemals geschrieben wurden. Es ist Gandhis *mea culpa*, sein öffentliches Bekenntnis. Aus den Tiefen seiner Demütigung strömen Worte des Dankes auf seine Lippen, des Dankes an Gott, der ihn gedemütigt hat:

> Gott war überaus gütig zu mir. Er hat mich zum dritten Mal gewarnt, dass es in Indien noch nicht die ehrliche und gewaltfreie Atmosphäre gibt, die allein den Massenungehorsam rechtfertigen kann, der überhaupt als „zivil" bezeichnet werden kann, was sanft und ehrlich bedeutet, bescheiden, wissend, eigensinnig, aber dennoch liebevoll, niemals kriminell und hasserfüllt. Er warnte mich 1919, als die Rowlatt-Act-Agitatoren begannen. Ahmedabad, Viramvrag und Kheda haben sich geirrt. Ich kehrte meinen Weg zurück, nannte es eine Fehleinschätzung des Himalaya, demütigte mich vor Gott und den Menschen und stoppte nicht nur den massenhaften zivilen Ungehorsam, sondern sogar meinen eigenen ... Das nächste Mal waren es die Ereignisse von Bombay, bei denen Gott mir ein schreckliches Gefühl gab Warnung. Er machte mich zum Augenzeugen ... Ich kündigte meine Absicht an, den massenhaften zivilen Ungehorsam zu stoppen, der sofort in Bardoli beginnen sollte. Die Demütigung war größer als die im Jahr 1919. Aber es hat mir gut getan, und ich bin sicher, dass die Nationen durch das Aufhalten davon profitiert haben. Indien trat durch die Suspendierung für Wahrheit und Gewaltlosigkeit ein.

Aber die bitterste Demütigung sollte noch kommen ... Gott sprach klar durch Chauri- Chaura ... Und wenn Indien behauptet, gewaltlos zu sein und hofft, den Thron der Freiheit mit gewaltlosen Mitteln zu besteigen, kommt es sogar zu Mob-Gewalt Die Antwort auf eine schwere Provokation ist ein schlechtes Vorzeichen ... Die gewaltfreie Erlangung der Selbstverwaltung setzt eine gewaltfreie Kontrolle über die gewalttätigen Elemente im Land voraus. Gewaltlose Nichtkooperatoren können nur dann erfolgreich sein, wenn es ihnen gelungen ist, die Kontrolle über den Hooligan Indiens zu erlangen.

Deshalb brachte er am 11. Februar in Bardoli „seine Zweifel und Sorgen" vor den Arbeitsausschuss des Kongresses. Sie waren nicht alle einer Meinung mit ihm. „Aber noch nie", sagte er, „war vielleicht ein Mann mit so rücksichtsvollen und nachsichtigen Kollegen und Mitarbeitern ‚gesegnet‘."

Sie hatten Verständnis für seine Skrupel und stimmten auf seinen Wunsch zu, die Anordnung des zivilen Ungehorsams außer Kraft zu setzen, wobei sie gleichzeitig darauf drängten, dass alle Organisationen danach streben sollten, eine Atmosphäre der Gewaltlosigkeit zu schaffen.

Ich weiß, dass die drastische Umkehr praktisch des gesamten aggressiven Programms politisch ungerecht und unklug sein mag, aber es besteht kein Zweifel daran, dass sie religiös begründet ist. Das Land wird durch meine Demütigung und mein Eingeständnis des Irrtums gewonnen haben. Die einzige Tugend, die ich beanspruchen möchte, ist Wahrheit und Gewaltlosigkeit. Ich erhebe keinen Anspruch auf übermenschliche Kräfte. Ich will keine. Ich trage das gleiche vergängliche Fleisch wie die Schwächsten meiner Mitmenschen und bin daher genauso anfällig für Fehler wie alle anderen. Meine Dienste haben viele Einschränkungen, aber Gott hat sie bisher trotz der Unvollkommenheiten gesegnet.

Denn das Eingeständnis eines Fehlers ist wie ein Besen, der Schmutz wegfegt und die Oberfläche sauberer und strahlender hinterlässt. Ich fühle mich stärker durch mein Geständnis. Und die Sache muss gedeihen, damit die Rückführung gelingt. Noch nie hat ein Mensch sein Ziel durch beharrliches Abweichen vom geraden Weg erreicht. Es wurde betont, dass Chauri- Chaura keinen Einfluss auf Bardoli haben darf . ... Daran habe ich keinerlei Zweifel. Die Menschen in Bardoli sind meiner Meinung nach die friedlichsten in Indien. Aber Bardoli ist nur ein Fleck auf der Landkarte Indiens. Seine Bemühungen können nur erfolgreich sein, wenn die anderen Teile perfekt kooperieren ... So wie die Zugabe eines Körnchens Arsen zu einem Topf Milch es als Nahrungsmittel ungeeignet macht, so wird sich die Höflichkeit von Bardoli durch die Zugabe des Tödlichen als inakzeptabel erweisen Gift von Chauri- Chaura .... Letzterer repräsentiert Indien ebenso wie Bardoli . Chauri- Chaura ist schließlich ein verschlimmertes Symptom. *Im zivilen Ungehorsam sollte es keine Aufregung geben. Ziviler Ungehorsam ist eine Vorbereitung auf stummes Leiden.* Seine Wirkung ist wunderbar, wenn auch unmerklich und sanft ... Die Tragödie von Chauri- Chaura ist in Wirklichkeit der Zeigefinger. Es zeigt, welchen Weg Indien leicht einschlagen könnte, wenn nicht drastische Vorsichtsmaßnahmen getroffen würden. Wenn wir Gewalt nicht aus Gewaltlosigkeit entwickeln wollen, ist es ganz klar, dass wir schnell einen Rückzieher machen und eine Atmosphäre des Friedens wiederherstellen müssen und nicht daran denken dürfen, mit massenhaftem zivilen Ungehorsam zu beginnen, bis wir sicher sind, dass der Frieden trotzdem erhalten bleibt Massenhafter ziviler Ungehorsam wurde begonnen und trotz der Provokation der Regierung ... Möge der Gegner sich unserer Demütigung und unserer sogenannten Niederlage rühmen. Es ist besser, der Feigheit beschuldigt zu werden, als sich der Verleugnung unseres Eides und der Sünde gegen Gott schuldig zu machen ...

Und der Apostel möchte das von anderen vergossene Blut wiedergutmachen:

Ich muss mich einer persönlichen Reinigung unterziehen. Ich muss zu einem besseren Instrument werden, das in der Lage ist, die kleinste Veränderung in der moralischen Atmosphäre um mich herum zu registrieren. Meine Gebete müssen tiefere Wahrheit und Demut haben. Für mich gibt es nichts reinigenderes als das Fasten. Ein Fasten zur vollkommeneren Selbstentfaltung, zur Erlangung der Vorherrschaft des Geistes über das Fleisch, ist ein äußerst mächtiger Faktor in der eigenen Entwicklung.... [115]

Und er verpflichtet sich, fünf Tage lang ununterbrochen zu fasten. Er möchte nicht, dass seine Kollegen seinem Beispiel folgen. Er muss sich selbst bestrafen. „Ich bin in der unglücklichen Lage eines Chirurgen, der sich bei der Behandlung eines zugegebenermaßen gefährlichen Falles als unfähig erwiesen hat. Ich muss entweder aufgeben oder mir größere Fähigkeiten aneignen." Sein Fasten ist Buße und Strafe für ihn und die Randalierer von Chauri- Chaura , die mit seinem Namen auf ihren Lippen sündigten. Gandhi würde gerne allein für sie leiden, aber er rät ihnen, sich freiwillig der Regierung zu stellen und ein reines Geständnis abzulegen, denn sie haben die Sache, der sie dienen wollten, verletzt.

> Ich würde Demütigungen, jede Folter, absolute Ächtung
> und den Tod selbst ertragen, um zu verhindern, dass die
> Bewegung gewalttätig wird oder ein Vorläufer von Gewalt
> wird.

Die Geschichte des spirituellen Fortschritts der Menschheit kann auf wenige Seiten verweisen, die so edel sind wie diese. Der moralische Wert einer solchen Aktion ist unvergleichlich, aber als politischer Schachzug war sie beunruhigend. Gandhi selbst gibt zu, dass man es als „politisch unsolide und unklug" bezeichnen könnte. Es ist gefährlich, alle Kräfte einer Nation zu versammeln und die Nation keuchend vor einer vorgeschriebenen Bewegung zu halten, den Arm zu heben, um den letzten Befehl zu erteilen, und dann, im letzten Moment, den Arm sinken zu lassen und dreimal „a" zu rufen Stoppen Sie gerade, als die gewaltige Maschinerie in Gang gesetzt wurde. Man riskiert, die Bremsen kaputt zu machen und den Antrieb zu lähmen.

Als das Kongresskomitee am 24. Februar 1922 in Delhi seine Sitzung abhielt, stieß Gandhi daher auf großen Widerstand. Die am 11. angenommenen Beschlüsse des Arbeitsausschusses von Bardoli wurden nicht ohne Diskussion ratifiziert. Die Nichtkooperatoren spalteten sich in zwei Lager. Gandhi behauptete, dass die Menschen besser vorbereitet werden müssten, bevor ziviler Ungehorsam eingeleitet werden könne, und legte ein konstruktives Programm vor. Doch viele Mitglieder waren verärgert über den langsamen Fortschritt der Unabhängigkeitsbewegung und protestierten gegen die Aussetzung des zivilen Ungehorsams. Gandhis Methoden, so behaupteten sie, würden die Begeisterung der Nation ersticken. Es wurde ein Misstrauensvotum gegen den Arbeitsausschuss und die Aufhebung seiner Beschlüsse vorgeschlagen. Am Ende triumphierte jedoch Gandhi. Aber er litt sehr, denn er erkannte, dass die Mehrheit ihn nicht aufrichtig unterstützte; Er wusste, dass mehr als einer seiner Wähler ihn hinter seinem Rücken „Diktator" nannte. Er wusste, dass er im Grunde nicht mehr die Stimmung des Landes widerspiegelte. Und mit seiner unerschrockenen Aufrichtigkeit gibt er am 2. März 1922 Folgendes zu:

> Es gibt so viele bewusste und unbewusste Untertöne von
> Gewalt, dass ich tatsächlich und im wahrsten Sinne des
> Wortes um eine katastrophale Niederlage gebetet habe. Ich
> war schon immer in der Minderheit. In Südafrika begann

ich mit praktischer Einstimmigkeit, erreichte eine Minderheit von vierundsechzig und sogar sechzehn und erreichte dann wieder eine riesige Mehrheit. Die beste und solideste Arbeit wurde in der Wildnis der Minderheit geleistet ... Ich weiß, dass die Regierung nur diese riesige Mehrheit fürchtet, über die ich zu befehlen scheine. Sie wissen kaum, dass ich es noch mehr fürchte als sie. Ich habe die Anbetung der gedankenlosen Menge buchstäblich satt. Ich würde mich meiner Meinung sicher fühlen, wenn sie mich anspucken würden. Ein Freund warnte mich davor, meine „Diktatur" auszunutzen. Ich frage mich, ob ich nicht unbewusst zulasse, dass ich „ausgebeutet" werde! Ich gestehe, dass ich eine noch nie dagewesene Angst davor habe. Meine einzige Sicherheit liegt in meiner Schamlosigkeit. Ich habe meine Freunde des Komitees gewarnt, dass ich unverbesserlich bin. Ich werde weiterhin jedes Mal Fehler eingestehen, wenn die Leute sie begehen. Der einzige Tyrann, den ich auf dieser Welt akzeptiere, ist die „stille leise Stimme" in mir. Und auch wenn ich mich der Aussicht stellen muss, in der Minderheit zu sein, glaube ich voller Bescheidenheit, dass ich den Mut habe, zu einer solch hoffnungslosen Minderheit zu gehören. Das ist für mich die einzig wahrheitsgemäße Position. Aber ich bin heute ein traurigerer und hoffentlich weiserer Mann. Ich sehe, dass unsere Gewaltlosigkeit oberflächlich ist. Wir brennen vor Empörung. Die Regierung nährt sie durch ihre unsinnigen Taten. Es scheint fast so, als ob die Regierung dieses Land mit Mord, Brandstiftung und Vergewaltigung überhäuft sehen möchte, um erneut die ausschließliche Fähigkeit zu beanspruchen, sie niederzuschlagen.

Diese Gewaltlosigkeit scheint daher lediglich auf unsere Hilflosigkeit zurückzuführen zu sein. Es scheint fast so, als ob wir den Wunsch hegen, uns bei der ersten Gelegenheit zu rächen . Kann aus dieser scheinbar erzwungenen Gewaltlosigkeit der Schwachen echte freiwillige Gewaltlosigkeit entstehen? Ist es nicht ein vergebliches Experiment, das ich durchführe? Was wäre, wenn, wenn die Wut ausbricht, kein Mann, keine Frau oder kein Kind in Sicherheit ist und die Hand eines jeden Mannes gegen seinen Mitmenschen erhoben wird? Was nützt es dann, wenn ich mich im Falle einer solchen Katastrophe zu Tode faste? Seien wir ehrlich. Wenn wir *Swaraj mit Gewalt erlangen wollen* , lassen Sie uns die Gewaltlosigkeit aufgeben und so viel Gewalt anwenden, wie wir können. Es wäre eine männliche, ehrliche und nüchterne Haltung, und niemand kann uns dann den schrecklichen Vorwurf der Heuchelei vorwerfen. [116] Wenn die Mehrheit trotz aller meiner Warnungen nicht an unser Ziel glauben würde, obwohl sie es ohne eine einzige wesentliche Änderung akzeptiert hätte, würde ich sie bitten, sich ihrer Verantwortung bewusst zu sein. Sie sind nicht verpflichtet, sich zum zivilen Ungehorsam zu beeilen, sondern müssen sich auf die stille Arbeit des Aufbaus konzentrieren. Wenn wir nicht aufpassen, laufen wir Gefahr, in den Gewässern zu ertrinken, deren Tiefe wir nicht kennen....

Diejenigen, die nicht an das Glaubensbekenntnis glauben, sollten sich unbedingt aus dem Kongress zurückziehen.

Und mit Blick auf die Minderheit fügt Gandhi hinzu:

Der patriotische Geist erfordert die loyale und strikte Einhaltung von Gewaltlosigkeit und Wahrheit. Wer nicht daran glaubt, sollte sich aus der Kongressorganisation zurückziehen.

In diesen eindringlichen Worten liegt bittere Traurigkeit, aber auch eine stolze Männlichkeit. Es war die Nacht in Gethsemane. Gandhis Verhaftung stand unmittelbar bevor. Wer weiß, ob er in seinem Herzen die Gefangenschaft nicht wie eine Entbindung ansah?

<h1 style="text-align:center">§ 3</h1>

Gandhi hatte schon lange damit gerechnet, verhaftet zu werden. Seit dem 10. November 1920 waren alle seine Angelegenheiten in Ordnung und er selbst war vorbereitet. Seine Anweisungen hatte er den Menschen in seinem Artikel „Wenn ich verhaftet werde" diktiert. Auf diese Möglichkeit verwies er in einem Artikel vom 9. März 1922 noch einmal, als das Gerücht über seine Verhaftung erneut aufkam. Er sagt, er habe keine Angst vor der Regierung. „Von der Regierung vergossene Blutflüsse können mir keine Angst machen." Das Einzige, was er fürchtet, ist, dass die Nachricht von seiner Verhaftung die Menschen mitreißen könnte. Das wäre eine Schande für ihn. „Ich wünsche mir, dass das Volk vollkommene Selbstbeherrschung behält und den Tag meiner Verhaftung als einen Tag der Freude betrachtet. Die Regierung glaubt, dass ich die Seele all dieser Aufregung bin und dass, wenn ich entfernt werde, sie in Frieden gelassen wird." Es bleibt nur noch, die Stärke des Volkes zu messen. Möge das Volk vollkommenen Frieden und Ruhe bewahren. Für mich ist es kein Stolz oder Vergnügen, sondern eine Demütigung, dass die Regierung aus Angst davor, mich zu verhaften, davon absieht, mich zu verhaften ein Ausbruch universeller Gewalt." Lassen Sie die Menschen das gesamte konstruktive Programm durchführen. Es soll keine *Hartals* oder Demonstrationen geben, keine Zusammenarbeit mit der Regierung. Lassen Sie Gerichte und Schulen boykottieren. Kurz gesagt, das Programm der Nichtkooperation soll in absoluter Ordnung und Disziplin verfolgt werden. Wenn die Menschen diesem Programm gerecht werden, werden sie gewinnen. Sonst droht ihnen eine Katastrophe.

Als alles bereit war, ging Gandhi zu seinem geschätzten Rückzugsort im *Ashram* von Sarbarmati in der Nähe von Ahmedabad, um in stiller Meditation und umgeben von seinen geliebten Schülern das Kommen der Polizisten zu erwarten. Er sehnte sich nach Gefangenschaft. In seiner Abwesenheit würde Indien seine Absicht mit größerer Kraft bekräftigen. Und wie er sagt, würde ihm die Inhaftierung „eine ruhige und körperliche Ruhe" verschaffen, die er vielleicht verdient hätte. [117]

Die Polizisten trafen in der Nacht des 10. März ein. Die Nachricht von ihrem Kommen hatte den *Ashram erreicht* . Der Mahatma war bereit und stellte sich ihnen zur Verfügung. Auf dem Weg ins Gefängnis traf er Maulana Hasrat Mohani , einen mohammedanischen Freund, der von weit her angereist war, um ihn ein letztes Mal zu umarmen. Banker, der Herausgeber von „Young India", wurde zusammen mit dem Meister ins Gefängnis geschickt. Gandhis Frau durfte ihren Mann bis zum Gefängnistor begleiten.

Am Mittag des Samstags, dem 18. März, begann Gandhis „Großer Prozess" [118] vor Herrn CN Broomsfield , Bezirks- und Sitzungsrichter von Ahmedabad. Es war ein Ausdruck von seltenem Adel und Hochmut. Richter und Angeklagter wetteiferten in ritterlicher Höflichkeit miteinander. Niemals erreichte England in diesem Kampf eine großzügigere Unparteilichkeit. Richter Broomsfield machte an diesem Tag viele Fehler der Regierung wett. Da viel über den Prozess geschrieben wurde, werde ich nur die wichtigsten Punkte zusammenfassen.

Warum hatte die Regierung Gandhi schließlich verhaftet? Warum wählte sie, nachdem sie mehr als zwei Jahre lang über diesen Schritt nachgedacht hatte, genau den Moment, in dem der Mahatma die Mob-Bewegung niedergeschlagen hatte und als er das einzige Hindernis gegen Gewalt zu sein schien? Handelte es in Aberration? Oder wollte sie Gandhis schreckliche Worte bestätigen: „Es scheint fast so, als ob die Regierung dieses Land mit Mord, Brandstiftung und Vergewaltigung übersät sehen will, um die ausschließliche Macht zu haben, sie niederzuschlagen"? Die Regierung befand sich in einer sehr schwierigen Lage. Es respektierte und fürchtete Gandhi. Es hätte ihn gerne sanft behandelt. Aber Gandhi behandelte die Regierung nicht sanft. Der Mahatma verurteilte Gewalt, aber seine Gewaltlosigkeit war revolutionärer als jede Gewalt. Am selben Tag, an dem er den zivilen Ungehorsam für die Masse beendete, oder besser gesagt am Tag vor der Kongresssitzung in Delhi, am 23. Februar, schrieb er einen der bedrohlichsten Artikel für die Macht Großbritanniens. Ein unverschämtes Telegramm von Lord Birkenhead und Mr. Montagu hatte Indien wie ein Schlag getroffen. [119]

In einem Anflug von Empörung nahm Gandhi die Herausforderung an:

> Wie kann es einen Kompromiss geben, während der britische Löwe uns weiterhin mit seinen blutigen Krallen ins Gesicht schüttelt? Das britische Empire, das auf der organisierten Ausbeutung körperlich schwächerer Rassen und auf einer kontinuierlichen Demonstration roher Gewalt basiert, kann nicht leben, wenn ein gerechter Gott das Universum regiert ... Es ist höchste Zeit, dass das britische Volk darauf aufmerksam gemacht wird dass der Kampf, der 1920 begann, ein Kampf bis zum Ende ist, egal ob er einen Monat oder ein Jahr oder viele Monate oder viele Jahre dauert. Ich hoffe und bete nur, dass Gott Indien genügend Demut und Kraft schenkt, um bis zum Ende gewaltlos zu bleiben. Sich den unverschämten Herausforderungen zu unterwerfen, die verkabelt werden, ist jetzt völlig unmöglich.

Gandhi wurde aufgrund der in diesem Artikel und in zwei weiteren Artikeln enthaltenen Aussagen angeklagt, der eine vom 19. September 1921 und der andere vom 15. Dezember 1921. Der erste bezog sich auf die Verhaftung der Ali-Brüder, der zweite war eine Antwort darauf eine Rede von Lord Reading. Beide enthalten die gleiche Erklärung des „Kampfes bis zum Ende. Wir wollen *Swaraj* , wir wollen, dass die Regierung dem Willen des Volkes nachgibt. Wir verlangen keine Gnade und erwarten auch keine." Der Vorwurf lautete daher, Gandhi habe „Unzufriedenheit gegenüber der Regierung gepredigt und andere offen dazu angestiftet, sie zu stürzen". Gandhi sprach zu seiner eigenen Verteidigung. Er bekannte sich in allen Anklagepunkten schuldig.

Der Generalanwalt Sir JT Strangman aus Bombay behauptete, dass die drei in der Anklage zitierten Artikel nicht isoliert seien, sondern Teil einer seit zwei Jahren geführten allgemeinen Kampagne zum Sturz der Regierung seien, und zitierte Passagen aus Gandhis Artikeln. Er würdigte Gandhis hohen Charakter. Dies diente jedoch nur dazu, den Artikeln Autorität zu verleihen und ihren schädlichen Einfluss zu verstärken. Er machte Gandhi für das Blutvergießen in Bombay und Chauri- Chaura verantwortlich . Es stimmte, dass Gandhi Gewaltlosigkeit predigte, aber er predigte auch

Unzufriedenheit. Er war somit für die von der Bevölkerung begangene Gewalt verantwortlich.

Gandhi bat um Erlaubnis, sprechen zu dürfen. Die Qual darüber, was richtig und was falsch sei, die Angst, die Zweifel, der mentale und spirituelle Kampf der letzten Wochen darüber, welchen Weg er einschlagen sollte und welche Auswirkungen dies auf die Menschen haben würde, waren beseitigt. Er hatte die Gelassenheit seiner Seele wiedergefunden. Er akzeptierte alles, was geschehen war und alles, was geschehen sollte, als eine Notwendigkeit, die er vielleicht bereuen würde, die er aber ertragen musste. Er stimmte dem Generalanwalt zu. Ja, er war verantwortlich. Er war für alles verantwortlich. Er hatte viel länger Unzufriedenheit gepredigt, als in der Anklage angegeben war. Er übernahm die Verantwortung für die Unruhen in Madras, für die „teuflischen Verbrechen" von Chauri- Chaura und die „wahnsinnigen Verbrechen" von Bombay.

> Der gelehrte Generalanwalt hat völlig recht, wenn er sagt, dass ich als verantwortungsbewusster Mann, als Mann, der eine angemessene Ausbildung erhalten hat und über eine angemessene Portion Erfahrung in dieser Welt verfügt, die Konsequenzen jeder meiner Entscheidungen hätte kennen müssen Handlungen. *Ich wusste, dass ich mit dem Feuer spielte, ich ging das Risiko ein, und wenn ich freigelassen würde, würde ich immer noch dasselbe tun.* Ich hatte heute Morgen das Gefühl, dass ich meiner Pflicht nicht nachgekommen wäre, wenn ich nicht das gesagt hätte, was ich hier gerade sage.
>
> Ich wollte Gewalt vermeiden, ich möchte Gewalt vermeiden. Gewaltlosigkeit ist der erste Artikel meines Glaubens. Es ist auch der letzte Artikel meines Glaubensbekenntnisses. Aber ich musste meine Wahl treffen. Ich musste mich entweder einem System unterwerfen, von dem ich glaubte, dass es meinem Land irreparablen Schaden zugefügt hatte, oder ich musste das Risiko eingehen, dass die wahnsinnige Wut meines Volkes ausbrach, als es die Wahrheit aus meinen Lippen verstand. Ich weiß, dass meine Leute manchmal verrückt geworden sind. Es tut mir zutiefst leid und deshalb bin ich hier, um mich nicht einer leichten Strafe, sondern der höchsten Strafe zu unterwerfen. Ich bitte nicht um Gnade. Ich plädiere nicht für eine mildernde Maßnahme. Deshalb bin ich hier, um die höchste Strafe einzufordern, die gegen mich verhängt werden kann, für etwas, das rechtlich ein vorsätzliches Verbrechen ist und mir als die höchste Pflicht eines Bürgers erscheint, und um mich dieser freudig zu

unterwerfen. Die einzige Möglichkeit, die Ihnen offensteht, Herr Richter, besteht darin, entweder Ihr Amt niederzulegen oder mir die härteste Strafe aufzuerlegen.

Nach dieser kraftvollen Improvisation, in der die Skrupel eines religiösen Geistes durch die heroische Festigkeit eines politischen Führers ausgeglichen werden, verlas Gandhi eine schriftliche Erklärung, die an die Öffentlichkeit in Indien und England gerichtet war. Er sei es ihnen schuldig, sagte er, zu erklären, warum er „von einem überzeugten Loyalisten und Kooperationspartner " zu einem kompromisslosen Unzufriedenen und Nichtkooperationspartner geworden sei . Er beschäftigte sich ab 1893 mit seinem öffentlichen Leben. Er wies darauf hin, was er als Inder unter dem britischen System zu leiden hatte, und er erzählte von seinen unaufhörlichen Versuchen seit 25 Jahren, es zu reformieren. Er glaubte hartnäckig, dass dies erreicht werden könne, ohne Indien und England zu trennen. Allen Täuschungen zum Trotz blieb er bis 1919 ein standhafter Genossen . Doch seitdem übertrafen die Greueltaten und Verbrechen jedes Maß. Und anstatt Ungerechtigkeiten auszugleichen, hat die Regierung, als ob sie dem Geist Indiens zum Trotz ihre schuldigen Diener geehrt, mit Renten belohnt und belohnt. Die Regierung selbst hat alle Verbindungen abgebrochen. Gandhi ist zu dem Schluss gekommen, dass selbst wenn die gewünschten Reformen jetzt von der Regierung vorgeschlagen würden, sie schädlich wären. Die Regierung in Britisch-Indien basiert auf der Ausbeutung der Massen. Es werden Gesetze erlassen, um diese Ausbeutung zu verstärken. Die Verwaltung des Rechts wird bewusst oder unbewusst zugunsten des Ausbeuters prostituiert. Ein subtiles, aber wirksames System der Terrorisierung und eine organisierte Machtdemonstration haben die Menschen entmannt und „in ihnen die Gewohnheit der Simulation eingeführt". Indien hungert, ist ruiniert und degradiert; und viele behaupten, dass Indien Generationen vergehen muss, bevor es zur Selbstverwaltung nach dem Herrschaftsplan fähig wird. England hat Indien mehr Schaden zugefügt als jedes andere System zuvor. Die Nichtkooperation mit dem Bösen ist eine Pflicht. Gandhi hat seine Pflicht getan. Doch während in der Vergangenheit die Nichtkooperation bewusst in Form von Gewalt zum Ausdruck kam, die dem Übeltäter zugefügt wurde und Gewalt die höchste Waffe war, hat Gandhi seinem Volk den neuen, aber unbeugsamen Arm der Gewaltlosigkeit gegeben.

Und dann kam es zum ritterlichen Kampf zwischen Richter Broomsfield und dem Mahatma.

Herr Gandhi, Sie haben mir die Aufgabe in gewisser Weise erleichtert, indem Sie sich der Anklage schuldig bekannt haben; Dennoch ist das, was bleibt, nämlich die Feststellung eines gerechten Urteils, möglicherweise eine ebenso

schwierige Aufgabe, wie sie sich ein Richter in diesem Land
stellen könnte ... Es wäre unmöglich, die Tatsache zu
ignorieren, dass Sie in den Augen von Millionen Ihrer
Landsleute sind ein großer Patriot und ein großer Anführer.
Sogar diejenigen, die in der Politik anderer Meinung sind als
Sie, betrachten Sie als einen Mann mit hohen Idealen und
einem edlen und sogar heiligen Leben ... Aber es ist meine
Pflicht, Sie als einen Mann zu beurteilen, der dem Gesetz
unterworfen ist ... Das gibt es wahrscheinlich Es gibt nur
wenige Menschen in Indien, die es nicht aufrichtig bereuen,
dass Sie es einer Regierung unmöglich gemacht haben, Sie
in Freiheit zu lassen. Aber es ist so. Ich versuche, das, was
Ihnen zusteht, gegen das abzuwägen, was mir im Interesse
der Öffentlichkeit notwendig erscheint.

Mit großer Höflichkeit beriet er den Angeklagten über das zu verhängende
Strafmaß. „Sie werden es meiner Meinung nach nicht für unangemessen
halten, mit Herrn Tilak gleichgesetzt zu werden", der zwölf Jahre zuvor zu
sechs Jahren Haft verurteilt worden war. „Wenn der Verlauf der Ereignisse
in Indien es der Regierung ermöglichen sollte, die Frist zu verkürzen und Sie
freizulassen, wird niemand mehr erfreut sein als ich."

Gandhi ließ nicht zu, dass der Richter ihn an Höflichkeit übertraf. Er
behauptete, es sei sein größtes Privileg und seine größte Ehre, seinen Namen
mit dem von Tilak in Verbindung zu bringen. Was das Urteil selbst betraf,
hielt er es für das mildeste, was ein Richter gegen ihn verhängen konnte, und
was das gesamte Verfahren betraf, sagte er, dass er keine größere Höflichkeit
hätte erwarten können. [120]

Der Prozess war beendet. Gandhis Freunde fielen ihm schluchzend zu
Füßen. Der Mahatma verabschiedete sich lächelnd von ihnen. Und die Tür
des Gefängnisses von Sarbamati schloss sich hinter ihm. [121]

§ 4

Seitdem ist die Stimme des großen Apostels verstummt. Sein Körper ist wie
in einem Grab eingemauert. Aber nie hat ein Grab als Barriere für das
Denken gewirkt, und Gandhis unsichtbare Seele belebt noch immer den
riesigen Körper Indiens. „Frieden, Gewaltlosigkeit, Leid" [122] ist die einzige
Botschaft, die aus dem Gefängnis kam. Die Nachricht wurde gehört. Von
einem Ende des Landes zum anderen wurde die Losung weitergegeben. Drei
Jahre zuvor wäre Indien bei Gandhis Verhaftung von Blutvergießen
heimgesucht worden. Die bloße Meldung, dass es stattgefunden habe, löste
1920 Unruhen in der Bevölkerung aus. Doch das Urteil von Ahmedabad
wurde mit religiöser Feierlichkeit aufgenommen. Tausende Inder übergaben
sich voller gelassener Freude den Gefängniswärtern. Gewaltlosigkeit und

Leid – ein Beispiel, das erstaunlicher ist als die anderen – könnten zeigen, wie tief die göttlichen Worte in den Geist der Nation eingedrungen sind.

Bekanntlich galten die Sikhs seit jeher als eine der kriegerischsten Rassen Indiens. Viele von ihnen dienten während des Krieges in der Armee. Im vergangenen Jahr kam es zwischen ihnen zu schweren Meinungsverschiedenheiten. Für unsere westlichen Augen scheint die Ursache unbedeutend zu sein. Als Ergebnis einer religiösen Aufwallung wollte eine der Sikh-Sekten, die Akalis , die Heiligtümer reinigen. Letzterer war in die Hände verrufener Vormunde geraten, die sich weigerten, entlassen zu werden. Aus rechtlichen Gründen nahm die Regierung ihre Verteidigung auf. Und im August 1922 begann das tägliche Märtyrertum von Guru-Ka-Bagh. [123] Die Akalis übernahmen die Doktrin des Nichtwiderstands. Tausend von ihnen ließen sich in der Nähe des Heiligtums nieder, während viertausend sich im zehn Meilen entfernten Goldenen Tempel in Amritsar niederließen. Jeden Tag verließen einhundert der viertausend, die meisten von ihnen Männer im wehrfähigen Alter, von denen viele im Krieg dienten, den Goldenen Tempel, nachdem sie das Gelübde abgelegt hatten, den Grundsätzen der Gewaltlosigkeit sowohl in Gedanken als auch in Gedanken treu zu bleiben Aktion, und Guru-Ka-Bagh zu erreichen oder bewusstlos zurückgebracht zu werden. Unter den tausend Freiwilligen legten 25 jeden Tag das gleiche Gelübde ab. Nicht weit vom Heiligtum entfernt warteten die britischen Polizisten mit eisenbeschlagenen Stangen an der Brücke, um die Kundgebung zu stoppen. Und jeden Tag spielte sich eine grausame Szene ab. Andrews, Tagores Freund, beschreibt es unvergesslich in seinem „Akali Struggle". [124] Mit einem Kranz aus kleinen weißen Blumen um ihre schwarzen Turbane kamen die Akalis schweigend vor die Polizisten, und in einer Entfernung von etwa einem Meter blieben sie stehen und begannen schweigend und regungslos zu beten. Um sie zu vertreiben, stießen die Polizisten mit eisenbeschlagenen Stäben auf sie ein und stießen immer heftiger zu, bis Blut zu fließen begann und die Sikhs bewusstlos wurden. Diejenigen, die aufstehen konnten, begannen erneut zu beten, bis sie wie die anderen bewusstlos geschlagen wurden. Andrews hörte keinen einzigen Schrei und sah auch keinen trotzigen Blick. In der Nähe betete eine Menge Zuschauer mit schmerzverzerrten Gesichtern schweigend. „Ich konnte nicht umhin, an den Schatten des Kreuzes zu denken", sagt Andrews. Die Engländer beschrieben die Szene in ihren Papieren und zeigten sich erstaunt. [125] Für die Briten schien es unverständlich, obwohl sie zugeben mussten, dass das absurde Opfer bewies, dass die Idee der Nichtkooperation und Gewaltlosigkeit auf dem Vormarsch war und dass die Menschen im Punjab von dieser Doktrin überzeugt waren. Andrews, dessen großzügiger Geist und reiner Idealismus es ihm ermöglichten, in die Seele Indiens einzudringen, sagt, dass er hier, wie Goethe in Valmy, „den Beginn einer neuen Ära sah.

Ein neues Heldentum, gestählt durch Leiden, ist entstanden, ein Krieg von.
"der Geist."

Es scheint, als ob die Menschen in Indien Mahatmas Geist treuer gelebt
hätten als diejenigen, deren Aufgabe es war, sie zu führen. Ich habe bereits
auf der Sitzung des Kongresskomitees in Delhi zwanzig Tage vor der
Verhaftung des Meisters über die Opposition gegen Gandhi gesprochen.
Diese Opposition zeigte sich immer noch, als das Komitee am 7. Juni 1922
in Lucknow erneut zusammentrat. Das von Gandhi befürwortete Programm
des geduldigen Wartens und des stillen Wiederaufbaus wurde heftig kritisiert,
und es wurde ein Antrag gestellt, den zivilen Ungehorsam auszurufen . Eine
Kommission wurde eingesetzt, um die Bedingungen zu untersuchen und
festzustellen, ob das Land als reif für zivilen Ungehorsam angesehen werden
könnte. Die Kommission reiste durch ganz Indien und schickte im Herbst
einen entmutigenden Bericht. Ziviler Ungehorsam wurde nicht nur als
derzeit undurchführbar erachtet, sondern die Hälfte der Mitglieder verfiel
auch in einen so extremen Konservatismus, dass sie vorschlug, Gandhis
Methoden der Nichtkooperation aufzugeben und innerhalb der
Regierungsräte eine neue *Swaraj-* oder Hausherrschaftspartei zu gründen.
Gandhis Lehre wurde mit anderen Worten sowohl von denen angegriffen,
die an Gewalt glaubten, als auch von denen, die an Klugheit glaubten.

Indien akzeptierte den Bericht der Kommission jedoch nicht. Auf seiner
Jahrestagung Ende Dezember 1922 verkündete der Nationale Indische
Kongress energisch seine Treue zum verfolgten Herrn und seiner Doktrin
der Nichtkooperation . Mit 1740 zu 890 Stimmen lehnte es jede Beteiligung
an Regierungsräten ab. Diejenigen, die an Gewalt glaubten, waren rar gesät
und hatten wenig Einfluss. Die Sitzung endete mit einer einstimmigen
Resolution, in der die Fortsetzung des von Gandhi angeordneten politischen
Streiks gefordert wurde. Eine Resolution zum Boykott englischer Materialien
wurde jedoch abgelehnt, um die europäischen Arbeiter nicht zu verärgern.
Aber die muslimische Konferenz des Kalifats stimmte, wie üblich kühner als
der Kongress, mit großer Mehrheit für den Boykott.

Hier müssen wir die Aufzeichnungen der gandistischen Bewegung stoppen.
Trotz einiger unvermeidlicher Rückfälle aufgrund der Abwesenheit des
Meisters und seiner besten Schüler, die wie er selbst inhaftiert waren
(insbesondere die Ali-Brüder), hat die Bewegung die Prüfungen des ersten
ungeführten Jahres erfolgreich gemeistert. Und die englische Presse äußerte
am Ende der Sitzungsperiode des Kongresses von 1922 in Gaya
Überraschung und Enttäuschung über den Fortschritt der Bewegung. [126]

§ 5

Und was wird nun kommen? Wird England, das aus früheren Erfahrungen
erfahren hat, wissen, wie es die Bestrebungen des indischen Volkes formen

kann? Und wird dieses Volk seinem Ideal treu bleiben? Nationen haben ein kurzes Gedächtnis, und ich hätte kaum Vertrauen in die Fähigkeit Indiens, der Lehre des Mahatma treu zu bleiben, wenn seine Lehren nicht Ausdruck der tiefsten und ältesten Sehnsüchte der Rasse wären. Denn wenn es so etwas wie ein Genie gibt, das aus eigener Kraft groß ist, unabhängig davon, ob es den Idealen seiner Umgebung entspricht oder nicht, kann es kein Genie des Handelns, keinen Führer geben, der nicht die Instinkte seiner Rasse verkörpert, die diese befriedigen das Bedürfnis der Stunde und stillt die Sehnsucht der Welt.

Mahatma Gandhi tut das alles. Sein Prinzip der *Ahimsa* (Gewaltlosigkeit) ist seit mehr als zweitausend Jahren im Geiste Indiens verankert. Mahavira, Buddha und der Vishnu-Kult haben es zur Substanz von Millionen von Seelen gemacht. Gandhi hat lediglich Heldenblut hineingegossen. Er rief die großen Schatten herbei, die Mächte der Vergangenheit, die in tödliche Lethargie versunken waren, und beim Klang seiner Stimme erwachten sie zum Leben. In ihm fanden sie sich selbst. Gandhi ist mehr als ein Wort; er ist ein Beispiel. Er verkörpert den Geist seines Volkes. Gesegnet ist der Mann, der ein Volk ist, sein Volk, begraben und dann in ihm wiederbelebt! Aber solche Auferstehungen sind niemals zufällig. Wenn der Geist Indiens jetzt aus Tempeln und Wäldern hervorströmt, dann deshalb, weil er die Botschaft enthält, nach der die Welt seufzt.

Diese Botschaft geht weit über die Grenzen Indiens hinaus. Indien allein könnte es formulieren, aber es würdigt die Größe der Nation ebenso wie ihr Opfer. Es könnte sein Kreuz werden.

Denn es scheint, als müsste ein Volk geopfert werden, um der Welt neues Leben zu geben. Die Juden wurden ihrem Messias geopfert, den sie jahrhundertelang in ihren Gedanken getragen hatten und den sie nicht erkannten, als er schließlich am blutbefleckten Kreuz erblühte. Zum Glück hat Indien seinen Messias erkannt, und das Volk marschiert freudig dem Opfer entgegen, das es befreien soll.

Aber wie die frühen Christen verstehen sie nicht alle die wahre Bedeutung ihrer Befreiung. Lange warteten die Christen auf die Erfüllung des *adveniat regnum tuum . In Indien gibt es viele, die nicht über Swaraj* , die Selbstherrschaft, hinausblicken . Ich stelle mir übrigens vor, dass dieses politische Ziel bald erreicht wird. Europa, ausgeblutet durch Kriege und Revolutionen, verarmt und erschöpft, seines Ansehens in den Augen Asiens beraubt, das es einst unterdrückt hatte, kann den Bestrebungen der erwachten Völker des Islam, Indiens, Chinas und Japans auf asiatischem Boden nicht lange widerstehen. Aber das würde wenig bedeuten, egal wie reich und neu die Harmonien sein mögen, die ein paar weitere Nationen in die menschliche Symphonie einbringen würden; Dies würde wenig bedeuten, wenn der wogende Geist

Asiens nicht zum Vehikel für ein neues Ideal des Lebens und des Todes und darüber hinaus des Handelns für die gesamte Menschheit würde und wenn er nicht ein neues Viaticum zur Niederwerfung mit sich bringen würde Europa.

Die Welt wird vom Wind der Gewalt erfasst. Dieser Sturm, der die Ernte unserer Zivilisation vernichtet, ist nicht aus heiterem Himmel ausgebrochen. Jahrhunderte brutalen Nationalstolzes, geschürt durch die götzendienerische Ideologie der Revolution, verbreitet durch den leeren Spott der Demokratien und gekrönt von einem Jahrhundert unmenschlichen Industrialismus, räuberischer Plutokratie und einem materialistischen Wirtschaftssystem, in dem die Seele zugrunde geht und erstickt wird, mussten zwangsläufig in diesen dunklen Kämpfen gipfeln, in denen die Schätze des Westens untergingen. Es reicht nicht zu sagen, dass dies alles unvermeidlich war. Da ist ein drin. Jedes Volk tötet das andere im Namen derselben Prinzipien, hinter denen sich dieselbe Gier und dieselben kainischen Instinkte verbergen. Alle – ob Nationalisten, Faschisten, Bolschewisten, Angehörige der unterdrückten Klassen, Angehörige der unterdrückenden Klassen – behaupten, dass sie das Recht haben, Gewalt anzuwenden, während sie anderen dieses Recht verweigern. Vor einem halben Jahrhundert dominierte vielleicht das Recht. Heute ist es noch viel schlimmer. Macht *ist* richtig. Die Macht hat das Recht verschlungen.

In der alten zerfallenden Welt gibt es keine Zuflucht, keine Hoffnung, kein großes Licht. Die Kirche gibt harmlose Ratschläge, tugendhaft und dosiert, sorgfältig formuliert, um die Mächtigen nicht zu verärgern. Außerdem geht die Kirche nie mit gutem Beispiel voran – auch nicht, wenn sie Ratschläge gibt. Schwache Pazifisten schreien schmachtend, und man hat das Gefühl, dass sie zögern und herumfummeln, über einen Glauben reden, an den sie nicht mehr glauben. Wer wird diesen Glauben beweisen? Und wie, in einer ungläubigen Welt? Der Glaube wird durch Taten bewiesen.

Das ist die große Botschaft an die Welt oder, wie Gandhi es ausdrückt, Indiens Botschaft: *Selbstaufopferung*.

Und Tagore hat die gleichen inspirierten Worte wiederholt, denn in diesem stolzen Prinzip sind sich Tagore und Gandhi einig.

> Ich hoffe, dass dieser Opfergeist wächst und auch der Wille
> zum Leiden.... Das ist wahre Freiheit. Nichts ist höher, nicht
> einmal die nationale Unabhängigkeit. Der Westen hat einen
> unerschütterlichen Glauben an Macht und materiellen
> Reichtum; Deshalb wird seine Wildheit, egal wie sehr es
> nach Frieden und Abrüstung schreit, noch lauter schreien
> ... Wir in Indien müssen der Welt zeigen, was diese
> Wahrheit ist, die Abrüstung nicht nur möglich macht,

sondern sie in Stärke umwandelt. Dass moralische Gewalt eine stärkere Macht ist als rohe Gewalt, wird ein unbewaffnetes Volk beweisen. Die Evolution des Lebens zeigt, dass es nach und nach sein gewaltiges Gerüst aus Schuppen und Panzern sowie eine ungeheure Menge Fleisch abgelegt hat, bis sich der Mensch entwickelte, der die rohe Gewalt besiegte. Der Tag wird kommen, an dem ein schwacher, edler Mann, der völlig unbewaffnet ist, beweisen wird, dass die Sanftmütigen das Land erben werden. Es ist logisch, dass Mahatma Gandhi, körperlich schwach und ohne materielle Mittel, die unbesiegbare Stärke der Sanftmütigen und Demütigen beweisen sollte, die im Herzen der empörten und mittellosen Menschheit Indiens verborgen ist. Indiens Schicksal ist an *Narayana* und nicht an *Narayani -sena* gebunden , an die Kraft der Seele und nicht an die Muskeln. Es muss die Menschheitsgeschichte aufwerten und sie aus dem verworrenen Tal der materiellen Kämpfe auf die Hochebenen der spirituellen Kämpfe befördern. Auch wenn wir uns durch Ausdrücke aus dem Vokabular des Westens etwas vormachen, ist *Swaraj* , Hausherrschaft, nicht wirklich unser Ziel. Unser Kampf ist ein spiritueller Kampf, ein Kampf für die Menschheit. Wir müssen den Menschen von den Maschen befreien, die er um ihn gesponnen hat, ihn von den Organisationen nationaler Selbstsucht befreien. Wir müssen den Schmetterling davon überzeugen, dass die Freiheit des Himmels besser ist als der Schutz des Kokons. In Indien gibt es kein Wort für „Nation". Wenn wir das Wort von anderen Völkern übernehmen, ist es für uns nicht geeignet, denn wir sollten uns mit *Narayana* , dem Höchsten Wesen, verbünden, und unser Sieg wird der Sieg für Gottes Welt sein ... Wenn wir den Mächtigen, den Reichen trotzen können , die Bewaffneten, indem sie der Welt die Macht des unsterblichen Geistes zeigen, wird die Burg des riesigen Fleisches ins Nichts zerfallen. Und dann wird der Mensch echten *Swaraj finden.* Wir, die elenden Ausgestoßenen des Orients, wir müssen die Freiheit für die gesamte Menschheit erobern ...

„Unser Ziel", sagte Gandhi, „ist die Freundschaft mit der ganzen Welt. Gewaltlosigkeit ist zu den Menschen gekommen und sie wird bleiben. Sie ist die Verkündigung des Friedens auf Erden."

Der Frieden der Welt ist in weiter Ferne. Wir machen uns keine Illusionen. Wir haben im Laufe eines halben Jahrhunderts die Heuchelei, die Feigheit und die Grausamkeit der Menschheit in Hülle und Fülle gesehen. Aber das hindert uns nicht daran, die Menschheit zu lieben. Denn selbst unter den Schlimmsten gibt es einen *Nescio quid Dei.* Wir kennen die materiellen Bindungen, die auf Europa im 20. Jahrhundert lasten, den erdrückenden Determinismus der wirtschaftlichen Bedingungen, der es einschränkt; Wir wissen, dass Jahrhunderte voller Leidenschaften und systematisierter Fehler eine Kruste um unsere Seelen gebildet haben, die das Licht nicht durchdringen kann. Aber wir wissen auch, welche Wunder der Geist wirken kann.

Historiker, wir haben gesehen, wie seine Herrlichkeit einen Himmel erhellte, der noch dunkler war als unser eigener. Wir, die wir nur einen Tag leben, haben in Indien den Klang des Tambours von Çiva vernommen , „ *dem Meistertänzer, der sein verschlingendes Auge verhüllt und seine Schritte bewacht, um die Welt vor dem Sturz in den Abgrund zu bewahren.* “ [127]

Die *Realpolitiker* der Gewalt, ob revolutionär oder reaktionär, verspotten unseren Glauben und offenbaren damit ihre Unkenntnis der tiefen Realität. Lasst sie lachen! Ich habe diesen Glauben. Ich weiß, dass es in Europa verachtet und verfolgt wird und dass wir in meinem eigenen Land nur eine Handvoll sind – sind wir überhaupt eine Handvoll? – , die daran glauben. Und selbst wenn ich der Einzige wäre, der daran glaubt, was würde das schon bedeuten? Das wahre Merkmal des Glaubens besteht nicht darin, die Feindseligkeit der Welt zu leugnen, sondern sie zu erkennen und trotzdem zu glauben! Glaube ist ein Kampf. Und unsere Gewaltlosigkeit ist der verzweifeltste Kampf. Der Weg zum Frieden führt nicht über Schwäche. Wir bekämpfen nicht so sehr Gewalt als vielmehr Schwäche. Nichts ist der Mühe wert, wenn es nicht stark ist, weder gut noch böse. Absolut böse ist besser als entmannte Güte. Stöhnender Pazifismus ist der Todesstoß des Friedens; es ist Feigheit und Mangel an Glauben. Diejenigen, die nicht glauben, die Angst haben, sollen sich zurückziehen! Der Weg zum Frieden führt über Selbstaufopferung.

Das ist Gandhis Botschaft. Das Einzige, was fehlt, ist das Kreuz. [128] Jeder weiß, dass Rom es ohne die Juden nicht Christus gegeben hätte. Das Britische Empire ist nicht besser als das antike Rom. Der Anstoß ist gegeben. Die Seele der orientalischen Völker wurde bis in ihre tiefsten Fasern bewegt, und ihre Schwingungen sind auf der ganzen Welt zu spüren.

Die großen religiösen Erscheinungen des Orients unterliegen einem Rhythmus. Eines ist sicher: Entweder wird Gandhis Geist triumphieren, oder er wird sich erneut manifestieren, wie es Jahrhunderte zuvor der Messias und Buddha manifestiert hatten, bis sich schließlich in einem sterblichen

Halbgott die perfekte Inkarnation des Prinzips manifestiert Leben, das eine neue Menschheit auf einen neuen Weg führen wird.

[113] Einhundertvierzig Dörfer, 87.000 Einwohner.

[114] Eine Anmerkung in „Young India" aus demselben Datum ist noch deutlicher. Antwortet der Vizekönig nicht, wird ziviler Gehorsam ausgerufen, auch gegen den Willen der Mehrheit.

[115] Welches Licht werfen diese Worte auf die geheimnisvolle Kraft dieser Seele, in der alle Emotionen der Opfer eingeschrieben sind!

[116] Gandhi hatte erkannt, dass einige der Mehrheitsmitglieder, die für Gewaltlosigkeit stimmten, sie in ihrem Herzen als politisches Mittel ansahen, das heimlich den Weg zur Gewalt ebnete. Sie sprachen höflich, sagt er, „von gewaltlosen Schlägen". Gandhi hatte die Gefahr nicht wie Tagore schon lange zuvor erkannt. Aber er war entsetzt. Und noch härter als Tagore verurteilte und attackierte er die Haltung der Mehrheit.

[117] 9. März 1922.

[118] „The Great Trial, Young India", 23. März 1922.

[119] „Wenn die Existenz unseres Imperiums in Frage gestellt würde, die Erfüllung der Verantwortung der britischen Regierung gegenüber Indien verhindert würde und Forderungen in der sehr irrigen Annahme gestellt würden, dass wir über einen Rückzug aus Indien nachgedacht hätten, dann würde Indien selbst den Entschlossensten nicht mit Erfolg herausfordern." Menschen auf der Welt, die erneut mit der ganzen Kraft und Entschlossenheit antworten würden, die ihnen zur Verfügung steht.

[120] Herr Banker, der Herausgeber von „Young India", der während des Prozesses dem Beispiel des Meisters gefolgt war und alle seine Aussagen akzeptiert hatte, wurde zu einer Geldstrafe und einer Freiheitsstrafe von einem Jahr verurteilt.

[121] Frau Kasturibai Gandhi informierte das indische Volk in einer sehr schönen Botschaft über das gegen Gandhi verhängte Urteil und forderte sie auf, sich in Ruhe auf die Umsetzung von Gandhis konstruktivem Programm zu konzentrieren.

Gandhi blieb nicht im Gefängnis von Sarbamati , wo er gut behandelt wurde, sondern wurde in ein unbekanntes Gefängnis und dann nach Yeravda in der Nähe von Poona verlegt. Laut einer Aussage von ND Hardiker , „Gandhi im Gefängnis, Einheit" vom 18. Mai 1922, die wir nicht überprüfen können, wurde Gandhi wie die Kriminellen nach dem Common Law in eine Zelle gesteckt und erhält keinerlei Privilegien Art. Es wird behauptet, dass seine empfindliche Gesundheit durch dieses Regime gelitten habe.

„Herr CF Andrews erzählte mir, als er über Gandhis Inhaftierung sprach, dass der Mahatma im Gefängnis glücklich war und dass er seine Freunde gebeten hatte, ihn nicht zu besuchen. Er reinigt sich, er betet und ist überzeugt, dass er auf diese Weise wirkt . “ der wirksamste Weg für Indien.“

Übrigens gibt Herr Andrews an, dass die Gandhi- Partei in Indien durch die Inhaftierung des Mahatma an Stärke gewonnen habe. Indien glaubt mit mehr Inbrunst als je zuvor an Gandhi. Sie beharrt darauf, ihn als eine Inkarnation von Sri-Krishna zu betrachten, der ebenfalls dem Prozess der Inhaftierung ausgesetzt war. Und Gandhi hat im Gefängnis die Explosion der von ihm befürchteten Gewalt wirksamer verhindert, als wenn er in Freiheit gewesen wäre.

[122] Am 3. August 1922 veröffentlichte „Unity“ einen „Brief aus dem Gefängnis“, in dem Gandhi über die Übel der modernen Zivilisation spricht. Der Brief kommt mir apokryph vor. Ich könnte mir vorstellen, dass es eine Zusammenfassung von Auszügen ist, die vor einiger Zeit geschrieben wurden, insbesondere im „Hind Swaraj“.

[123] Guru-Ka-Bagh ist ein Heiligtum (Gurdwara), etwa zehn Meilen von Amritsar entfernt.

[124] „The Akali Struggle“ von Andrews, Professor in Santiniketan . Veröffentlicht im „ Swaraiya “ von Madras und mit separatem Umschlag. 1. September 1922.

[125] „Manchester Guardian Weekly“, 13. Oktober 1922.

[126] Ein Artikel von Blanche Watson in „Unity“ vom 16. November 1922 zählt die Vorteile auf, die Indien durch seinen Kampf des gewaltlosen Widerstands gewonnen hat.

In diesem Artikel wird behauptet, dass die Binneneinnahmen Indiens um etwa siebzig Millionen Dollar zurückgegangen seien und dass der Boykott englischer Waren dazu geführt habe, dass England im Laufe eines einzigen Jahres etwa zwanzig Millionen Dollar verloren habe. Sie behauptet, dass zu dieser Zeit etwa dreißigtausend Inder inhaftiert waren und dass die Regierungsmaschinerie völlig durcheinander geraten sei. Aber Blanche Watson, eine glühende Bewunderin des Gandhismus , hat vielleicht eine unbewusste Tendenz, seine Erfolge zu übertreiben. Andere Zeugenaussagen scheinen weniger ermutigend zu sein und scheinen zu beweisen, dass der Geist der Selbstaufopferung durch die selbstsüchtige Haltung der Reichen und Geschäftsleute behindert wird, während dies bei vielen derjenigen der Fall ist, die im ersten Anflug von Enthusiasmus von ihren Regierungsämtern zurückgetreten sind bin nun wieder an die Arbeit zurückgekehrt. Es wäre nicht menschlich, etwas anderes zu glauben. Bei jeder Revolution bleiben viele zurück oder machen einen Rückzieher. Es geht darum festzustellen, ob die Bewegung im Großen und Ganzen zunimmt oder abnimmt. In diesem Zusammenhang ist es interessant, auf eine Beschreibung zu verweisen, die im „Manchester Guardian Weekly" vom 16. Februar 1928 veröffentlicht wurde.

Der „Manchester Guardian", dessen intelligenter Liberalismus bekannt ist, der aber dennoch bestimmte mächtige Interessen vertritt, die durch die Nichtkooperationsbewegung direkt gefährdet werden , hat kürzlich eine Untersuchung der Verhältnisse in Indien durchgeführt. Die Schlussfolgerung, die man nach der Lektüre der Ergebnisse dieser Untersuchung zieht, ist trotz einer ganz natürlichen Tendenz, die Bewegung zu diskreditieren, dass die Situation ernst ist und große Bedenken hervorruft. Der letzte Artikel (16. Februar 1923) versucht zu beweisen, dass sich Gandhis Taktik als wirkungslos erwiesen hat und dass die Nichtkooperationsbewegung neu organisiert werden muss. In dem Artikel heißt es jedoch weiter, dass der Geist der Nichtkooperation zunimmt . Überall gibt es Spuren von Misstrauen gegenüber der ausländischen Regierung und der glühenden Hoffnung, sie loszuwerden. In diesem Punkt sind sich die kultiviertesten Menschen Indiens und die Bewohner der Großstädte einig. Der *Ryot* , der Bauer, ist von der Bewegung nur geringfügig betroffen, aber in den Dörfern herrschen so Bedingungen, dass er in Kürze Partei ergreifen muss. Die Armee scheint immer noch immun zu sein, aber Rekruten kommen aus den Dörfern und früher oder später werden sie infiziert. Die Nichtkooperationsbewegung ist häufig bei den besten und den gemäßigtsten Elementen am intensivsten. Diese Elemente missbilligen revolutionäre Methoden, aber ihre Missbilligung wird vom Rest des Landes nicht geteilt. Der Autor behauptet, dass es etwa zehn Jahre dauern wird, bis Indien tatsächlich wirksamen zivilen Ungehorsam herbeiführt. Doch inzwischen wird die Situation immer ernster. Es ist unmöglich, die Indianer durch die Androhung von Gefängnis in Schach zu halten. Sie haben keine Angst mehr davor. Es müssen härtere Zwangsmaßnahmen ergriffen werden, und das wird Hass schüren. Es gibt nur eine friedliche Lösung – sofern es nicht bereits zu spät ist – und diese besteht darin, dass England die Initiative für indische Reformen ergreift. Keine halben Sachen wie 1919 und erst letztes Jahr angewendet! Sie reichen nicht aus und es gibt keine Zeit zu verlieren. England muss einen Nationalen Indianerkonvent einberufen, bei dem alle Parteien und Interessen in Indien vertreten sein werden – Gandhi und seine Schüler ebenso wie indische Fürsten und europäische Kapitalisten, Mohammedaner, Hindus, Parsen, Eurasier, Christen, Parias – alle müssen an einem Konvent teilnehmen und Entwerfen Sie eine Verfassung für ein autonomes Indien innerhalb des Reiches und legen Sie die Linien einer solchen Hausherrschaft fest. Nur so kann der Zerfall des Reiches verhindert werden.

Ich weiß nicht, wie die indische Regierung und die britische Bürokratie auf den Vorschlag des „Manchester Guardian" stehen, und ich glaube kaum, dass Gandhi und seine Nicht-Kooperationspartner einer Versammlung mit europäischen und indischen Kapitalisten zustimmen würden. Aber eines ist sicher: Niemand stellt mehr Indiens Recht auf Selbstverwaltung in Frage. Es muss auf die eine oder andere Weise kommen. Und nichts ist bemerkenswerter als die Veränderung der Haltung Englands gegenüber Indien seit Beginn der Gandhi- Bewegung. Der Europäer verachtet den Inder nicht mehr, sondern behandelt ihn mit Rücksicht. Alle sind sich darüber einig, dass es ein Fehler ist, die gewalttätigen Methoden anzuwenden, zu denen die Regierungen früher als erstes gegriffen haben. Aus spiritueller und mentaler Sicht ist Indien bereits siegreich.

[127] Fragment der ältesten Anrufung von Çiva im Stück „Mudra-Rakshasha " (400) von Vishakadatta .

[128] Dies ist der Standpunkt der „Kriegsdienstverweigerer" in England, der sich nach und nach auf andere Länder ausbreitet.

LITERATURVERZEICHNIS

ANDREWS, CF, „To the Students", 1921, S.
Ganesan, Madras.

DOKE, JOSEPH J., „MK Gandhi, ein indischer
Patriot in Südafrika", mit einer Einführung von Lord Ampthill, 1909,
Indian Chronicle, London.

GANDHI, MAHATMA, „Ein Leitfaden zur Gesundheit",
1921, S. Ganesan, Madras.

GANDHI, MAHATMA, „Hind Swaraj" (Indian
Home Rule), 1921, S. Ganesan, Madras.

GANDHI, MAHATMA, „ Neethi Dharma" (Ethische
Religion), mit einer Einführung von JHHolmes, S. Ganesan, Madras.

GANDHI, MAHATMA, „Speeches and Writings"
(1896-1922), mit einer Einführung von CFAndrews und einer biografischen
Skizze, 1922, Natesan, Madras.

GANDHI, MAHATMA, „Young India" (1919-22),
mit einer Einführung von Babu RajendraPrasad, 1922, S. Ganesan, Madras.
Eine Sammlung von Artikeln, die Gandhi für seine Zeitung „Young India"
geschrieben hat.

HOLMES, JH, „Mohandas Karamchand Gandhi"
(Einführung in „Ethische Religion").

KALELKAR, PROFESSOR, „The Gospel of Swadeshi",
1922. S. Ganesan, Madras.

„GANDHI, MK, A Sketch of His Life and His
Work" (in der Sammlung „Biographies ofEminent Indians", Natesan,
Madras).

PEARSON, WW, „The Dawn of a New Age",
1922, S. Ganesan, Madras.

RAY, SATYANDRA, „Mahatma Gandhi" („in The
World To-Morrow", November 1922).

„SOUVENIR of the Passive Resistance Movement
in South Africa" (1906-14), Golden Number of „Indian Opinion",
veröffentlicht 1914, bei Phoenix, Natal. Diese von den Druckereien von
Gandhis Tolstoianer-Kolonie in Natal veröffentlichte Ausgabe enthält die

wertvollsten und vollständigsten Dokumente – Artikel und Fotos – im
Zusammenhang mit der Bewegung des passiven Widerstands in Südafrika.

Es ist auch nützlich, die Akten von „Young
India" zu konsultieren, Gandhis Zeitung, die immer noch in Ahmedabad
veröffentlicht wird und dessen Sohn Herausgeber und Herausgeber ist.

„The Modern Review", veröffentlicht von Ramouna
Chatterjee in Kalkutta. Rabindranath Tagore nutzt „The Modern Review",
um seiner Meinung Ausdruck zu verleihen.

Das Magazin „Unity" aus Chicago steht in engem
Kontakt mit der Gandhi- Bewegung und hegt glühende
Sympathie für sie. Der Herausgeber, John Haynes Holmes, hat das Vorwort
zur indischen Ausgabe von „Ethical Religion" geschrieben.